UKULELE PICNIC

우쿨렐레 피크닉

score♪

우쿨렐레는 귀엽고 아기자기한 모양새에 맑고 평화로운 음색을 가진 매력적인 악기입니다.
우쿨렐레는 매우 가벼워 휴대하기에 간편하고, 연주에 부담감이 적어서 음악을 좋아하는 여러분들이 단지 듣는 것에 그치지 않고 직접 소리 내며 연주의 즐거움을 경험 해 보기에 가장 적합한 악기라 생각 합니다.

이 책은 우쿨렐레 레슨을 진행하며 만들어 낸 연습곡과 신청곡을 비롯한 우쿨렐레에 잘 어울리는 노래 모음입니다. 많은 연습을 필요로 하기 보다는 휴식시간에, 여행지에서, 친구들과 모인 자리에서 언제 어디서든 우쿨렐레와 함께 할 수 있고, 음악과 악기에 대한 특별한 지식이 없다 하더라도 좋아하는 노래를 간단히 연주할 수 있는 악보집을 만드는 것에 초점을 두었습니다.

여러 번 수정과 보완을 거치며 수업을 하는 입장에서도, 배우는 입장에서도 원활한 진행을 가능하게 하여 레슨 교재로도 활용 될 수 있으리라 기대 합니다.

이 책을 집필할 때 다음과 같은 부분을 유념하였습니다.

1. 초급 과정에서 마스터 할 수 있는 기초 우쿨렐레 코드 운지를 최대한 활용 하여 각 코드 간의 전환과 연결이 용이 하도록 편곡 하였습니다.

2. 8줄 32마디를 기본 틀로 삼아 Intro(전주), Outro(후주) 및 Interlude(간주)를 최소화 하여 페이지를 넘기지 않고 한 눈에 보기 좋게 편집 하였습니다.

UKULELE PICNIC과 함께 우쿨렐레를 즐겨보세요!

목 차

12개의 기초 코드로
나만의 레파토리 만들기

기초 연습시간 #1

1. 엄지손가락

기본 자세

우쿨렐레의 바디 둥근부분은 손가락으로 받쳐주고 엄지 손가락은 편 상태에서 쓸어내리듯이 연주합니다.

다운 스트로크

스트럼 동작이 끝난 사진입니다. 네 줄이 균일한 음량을 내고, 듣기 좋은 소리가 나도록 여러번 연습 해 보세요.

업 스트로크

검지 손가락을 고리 모양처럼 살짝 굽히고 손톱의 우측 측면이 닿도록 연주합니다.

2. 검지손가락

기본 자세

손목을 회전하여 연주합니다. 시작할 때 손바닥이, 동작이 끝났을 때에는 손 등이 보이게 연습 해 보세요.

다운 스트로크

4핑거 아르페지오 연주입니다. 손에 계란이 하나 들어있다고 생각하고 바디에 손을 너무 붙이지 않는 것이 포인트입니다.

업 스트로크

하이 지(High G) 튜닝에서 자주 사용하는 3핑거 폼입니다. 엄지손가락이 3번 줄을 주로 연주하고 4번 줄 까지 커버 합니다.

01 고기잡이

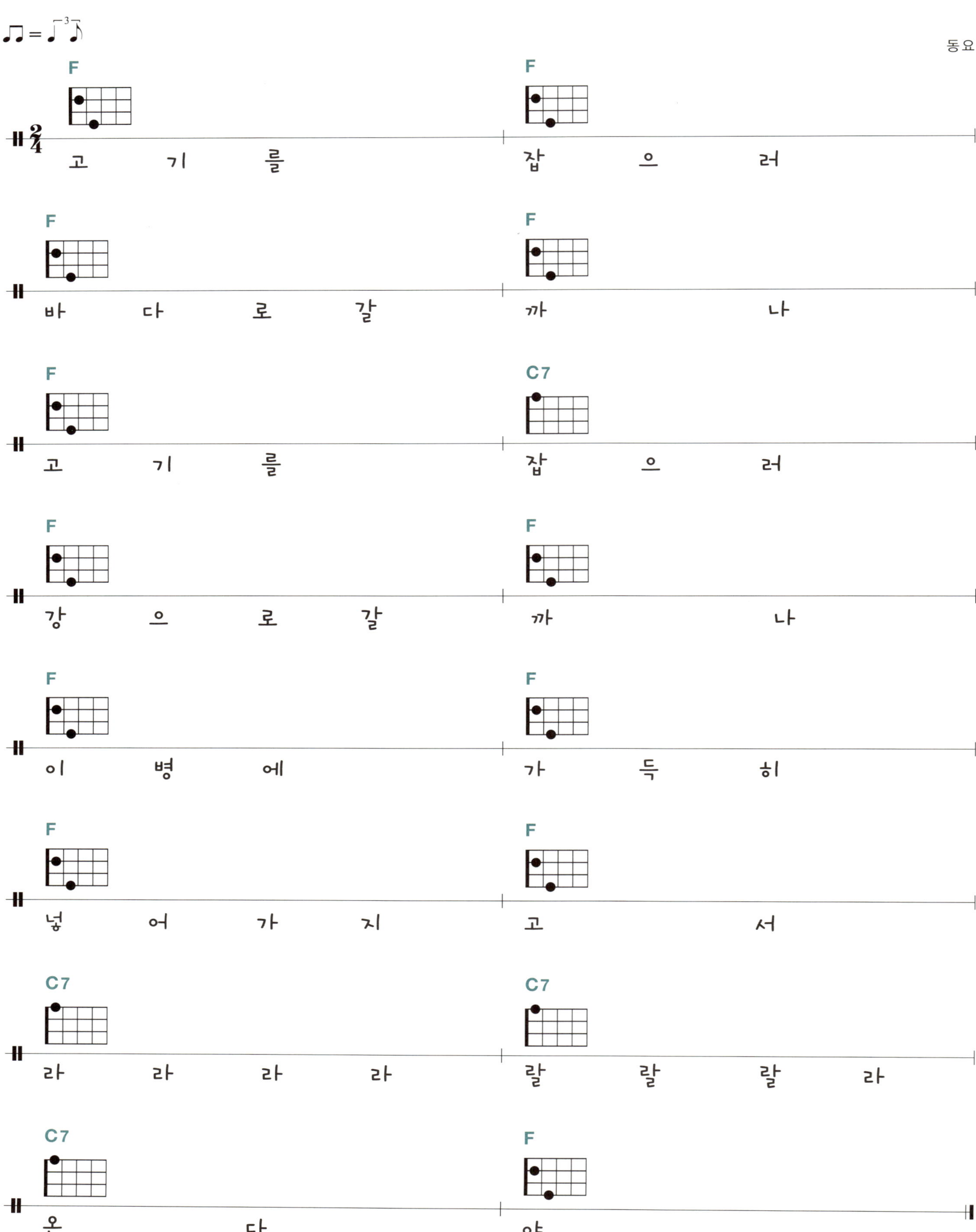
동요
F 고 기 를
F 잡 으 러
F 바 다 로 갈
F 까 나
F 고 기 를
C7 잡 으 러
F 강 으 로 갈
F 까 나
F 이 병 에
F 가 득 히
F 넣 어 가 지
F 고 서
C7 라 라 라 라
C7 랄 랄 랄 라
C7 온 다
F 야

02 나비야

8비트 셔플

동요

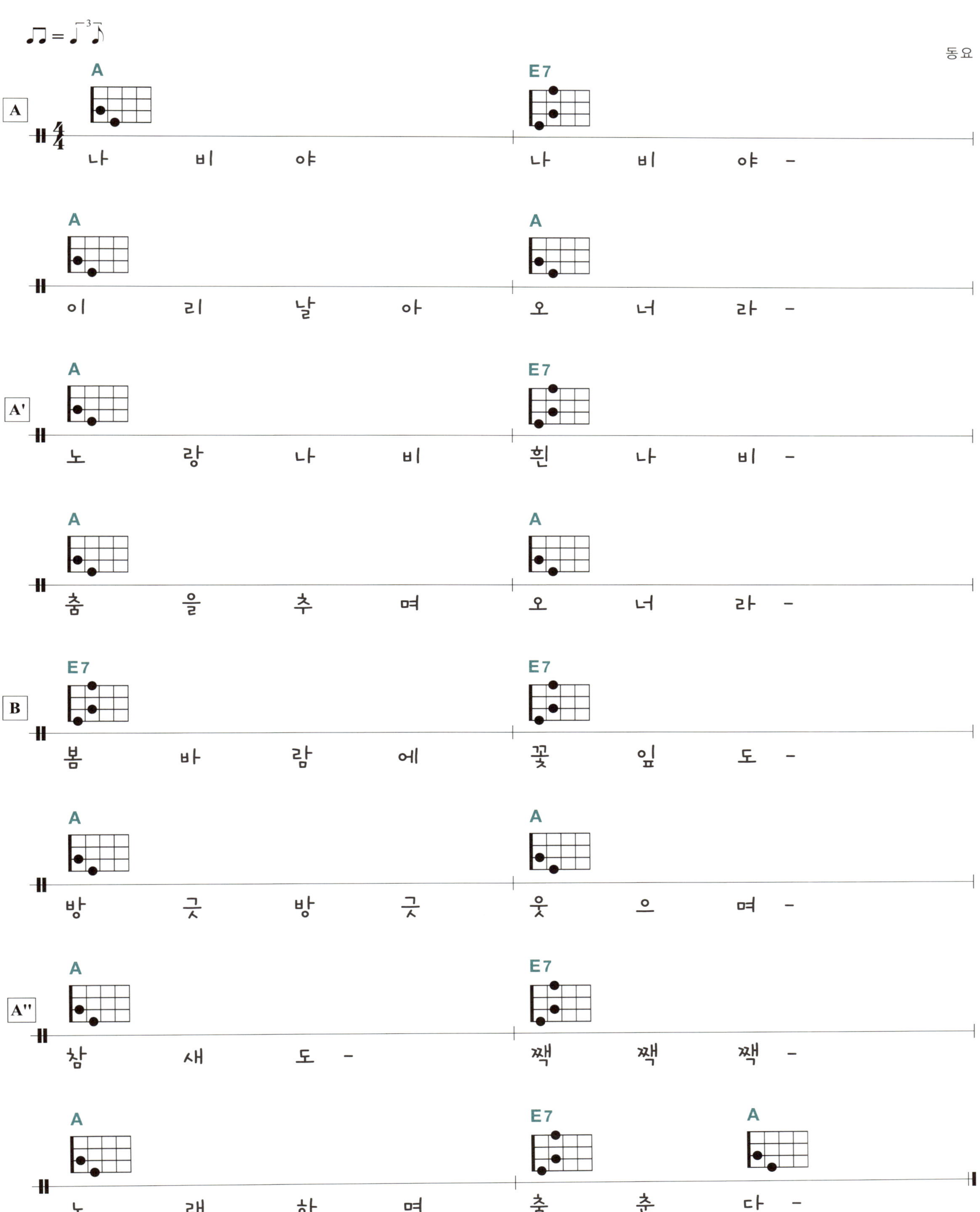

A
나 비 야 나 비 야 -
이 리 날 아 오 너 라 -
노 랑 나 비 흰 나 비 -
춤 을 추 며 오 너 라 -
봄 바 람 에 꽃 잎 도 -
방 긋 방 긋 웃 으 며 -
참 새 도 - 짹 짹 짹 -
노 래 하 며 춤 춘 다 -

03 올챙이와 개구리

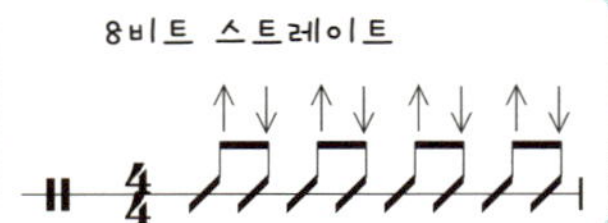

8비트 스트레이트

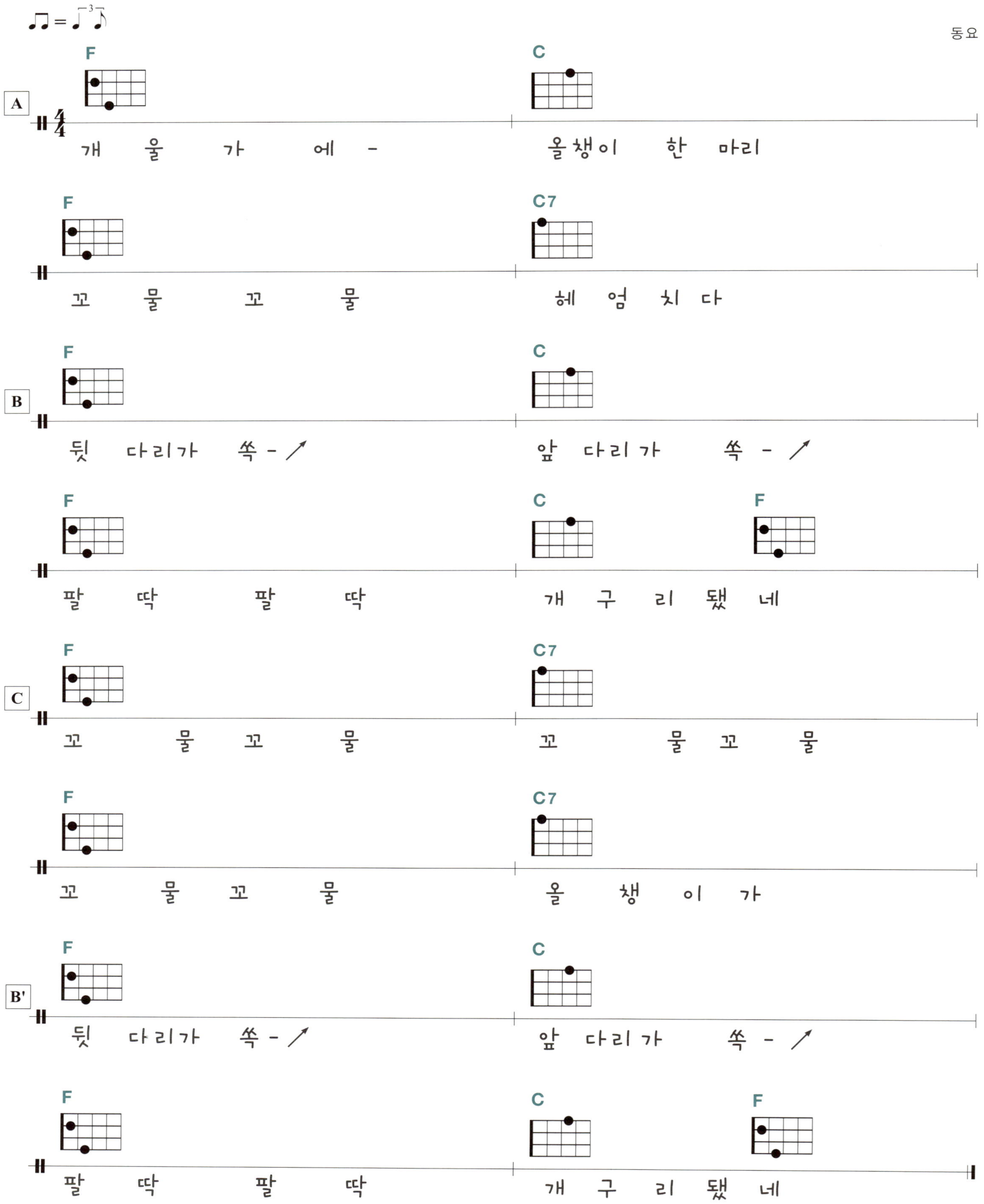
동요
A
F
C
개 울 가 에 -
올챙이 한 마리
F
C7
꼬 물 꼬 물
헤 엄 치 다
B
F
C
뒷 다리가 쏙 -
앞 다리 가 쏙 -
F
C
F
팔 딱 팔 딱
개 구 리 됐 네
C
F
C7
꼬 물 꼬 물
꼬 물 꼬 물
F
C7
꼬 물 꼬 물
올 챙 이 가
B'
F
C
뒷 다리가 쏙 -
앞 다리 가 쏙 -
F
C
F
팔 딱 팔 딱
개 구 리 됐 네

04 YOU ARE MY SUNSHINE

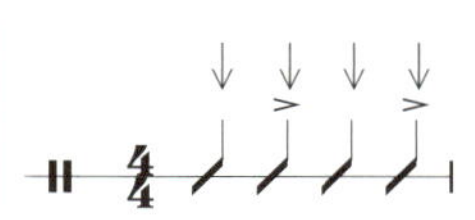

C

YOU ARE MY   SUN - SHINE -
유 아 마이   선 - 샤인 -

C   **C**

MY ONLY -   SUN - SHINE -
마이 온리 -   선 - 샤인 -

C7   **F**

YOU MAKE ME   HA - PPY -
유 메이크 미   해 - 피 -

F   **C**

WHEN SKIES ARE   GREY -
웬 스카이스 아   그레이 -

C7   **F**

YOU NEVER   KNOW DEAR
유 네버   노우 디어

F   **C**

HOW MUCH I -   LOVE YOU
하우 머치 아이-   러브 유

C   **C**

PLEASE DON'T   TAKE - MY
플리즈 돈   테이크 - 마이

G7   **C**   **C**

SUN - SHINE AWAY -
선 - 샤인 어웨이

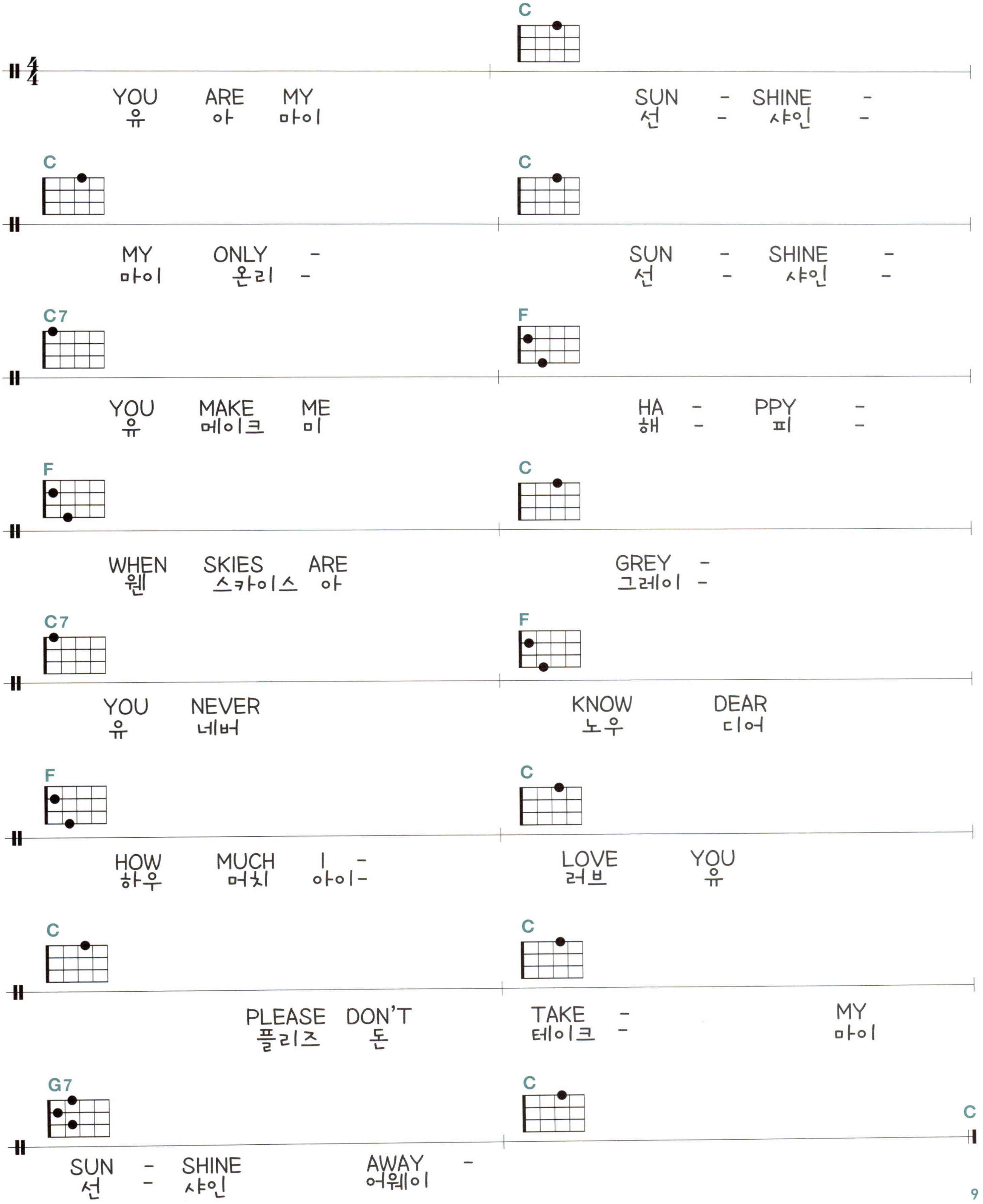

05 섬집 아기

6/8
(약 강 강 약 강 강)

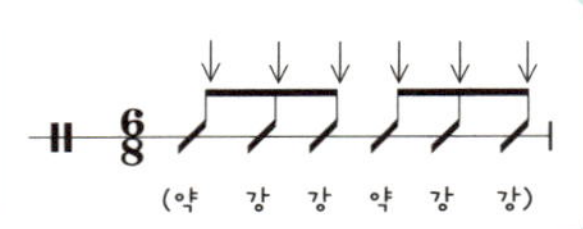

동요

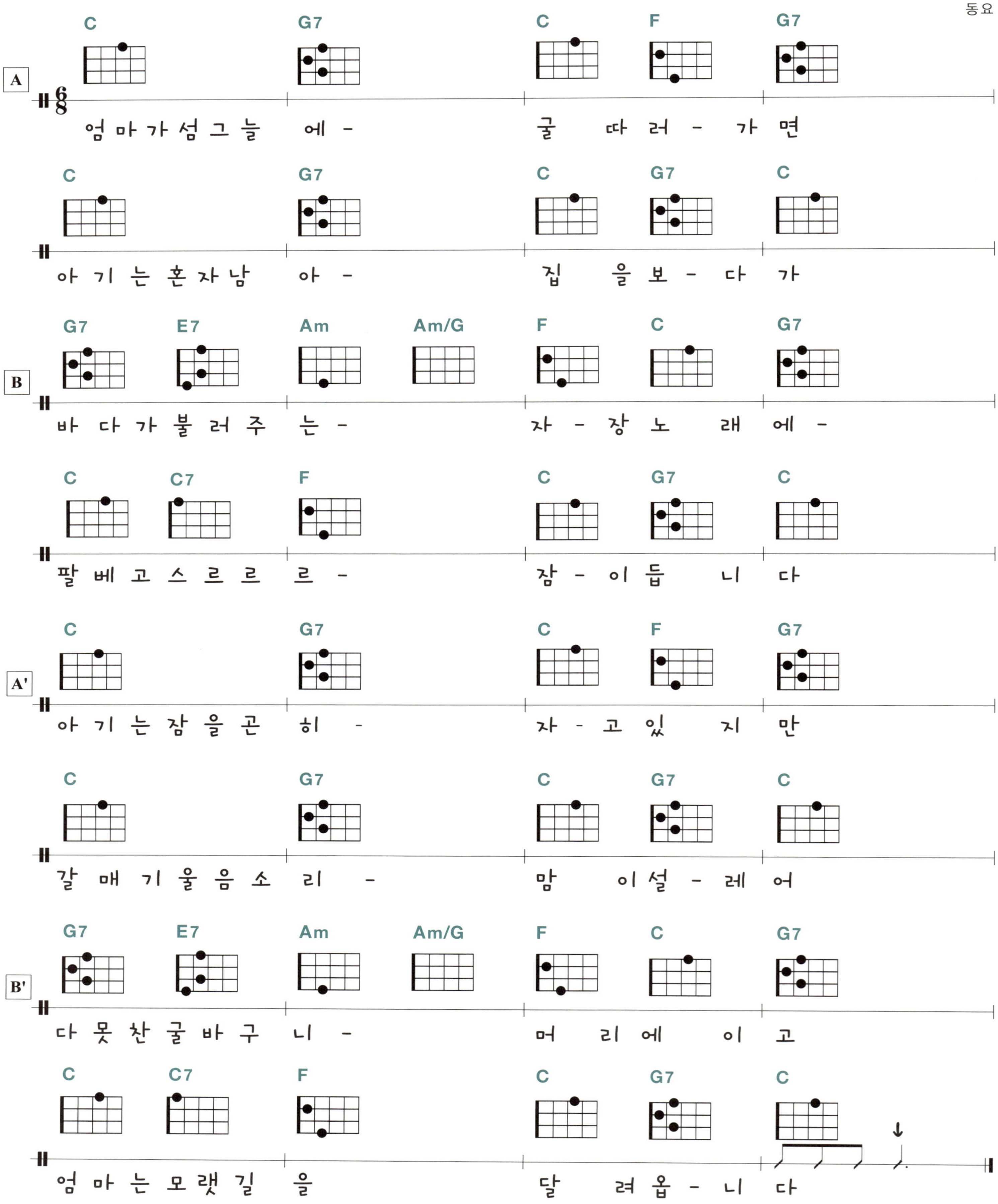

A
C G7 C F G7
엄 마 가 섬 그 늘 에 - 굴 따 러 - 가 면
C G7 C G7 C
아 기 는 혼 자 남 아 - 집 을 보 - 다 가
B
G7 E7 Am Am/G F C G7
바 다 가 불 러 주 는 - 자 - 장 노 래 에 -
C C7 F C G7 C
팔 베 고 스 르 르 르 - 잠 - 이 듭 니 다
A'
C G7 C F G7
아 기 는 잠 을 곤 히 - 자 - 고 있 지 만
C G7 C G7 C
갈 매 기 울 음 소 리 - 맘 이 설 - 레 어
B'
G7 E7 Am Am/G F C G7
다 못 찬 굴 바 구 니 - 머 리 에 이 고
C C7 F C G7 C
엄 마 는 모 랫 길 을 달 려 옵 - 니 다

06 도레미 송

8비트 스트레이트

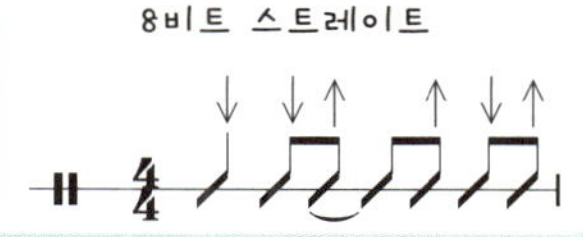

사운드 오브 뮤직 O.S.T

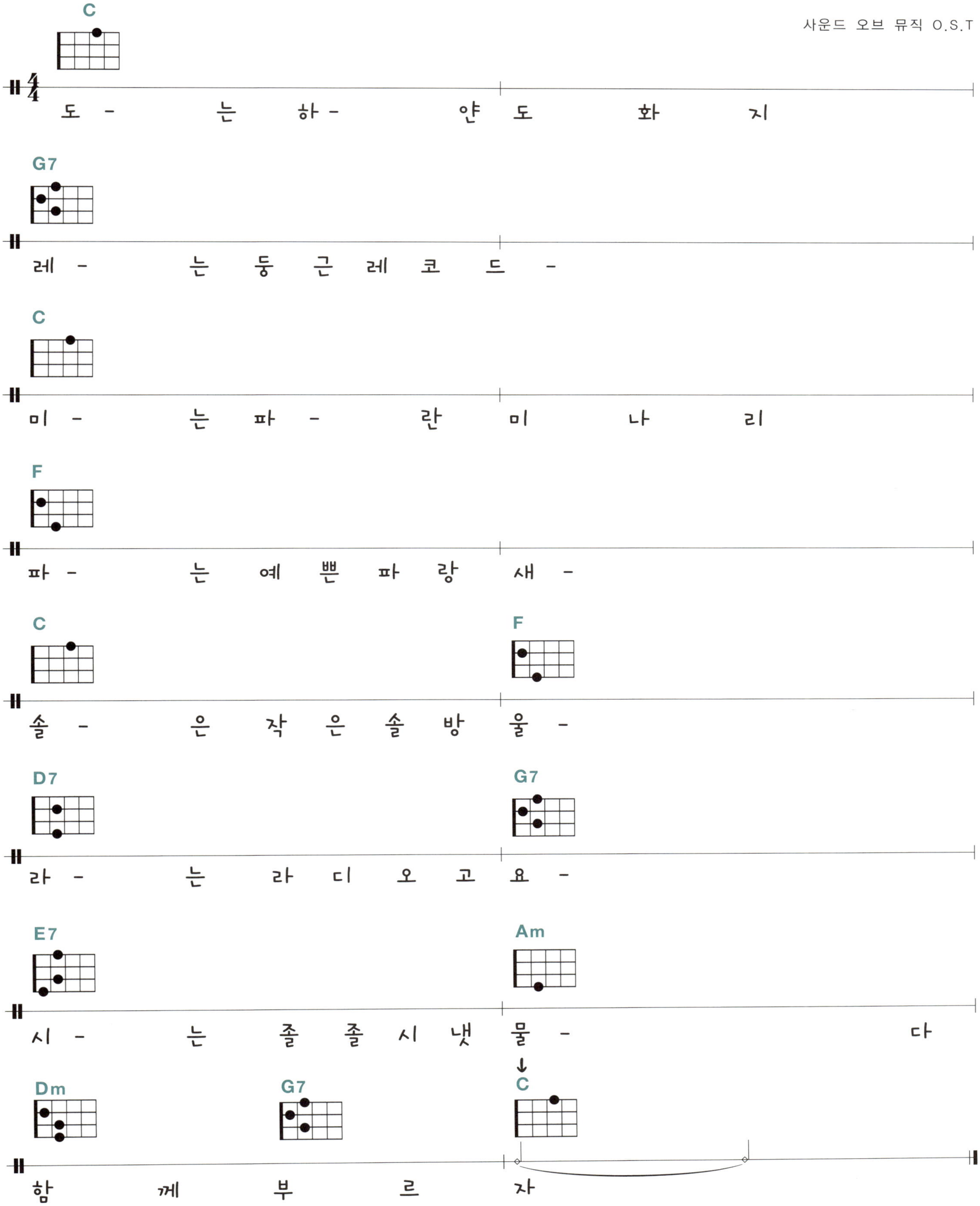
C
도 - 는 하 - 얀 도 화 지
G7
레 - 는 둥 근 레 코 드 -
C
미 - 는 파 - 란 미 나 리
F
파 - 는 예 쁜 파 랑 새 -
C F
솔 - 은 작 은 솔 방 울 -
D7 G7
라 - 는 라 디 오 고 요 -
E7 Am
시 - 는 졸 졸 시 냇 물 - 다
Dm G7 C
함 께 부 르 자

07 호키 포키

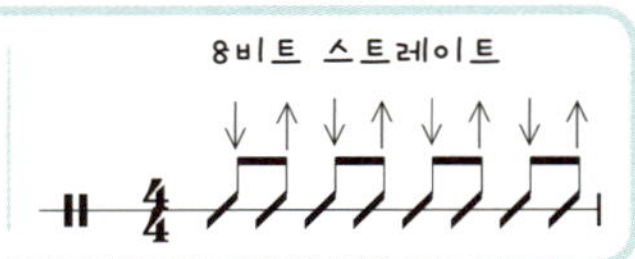

8비트 스트레이트

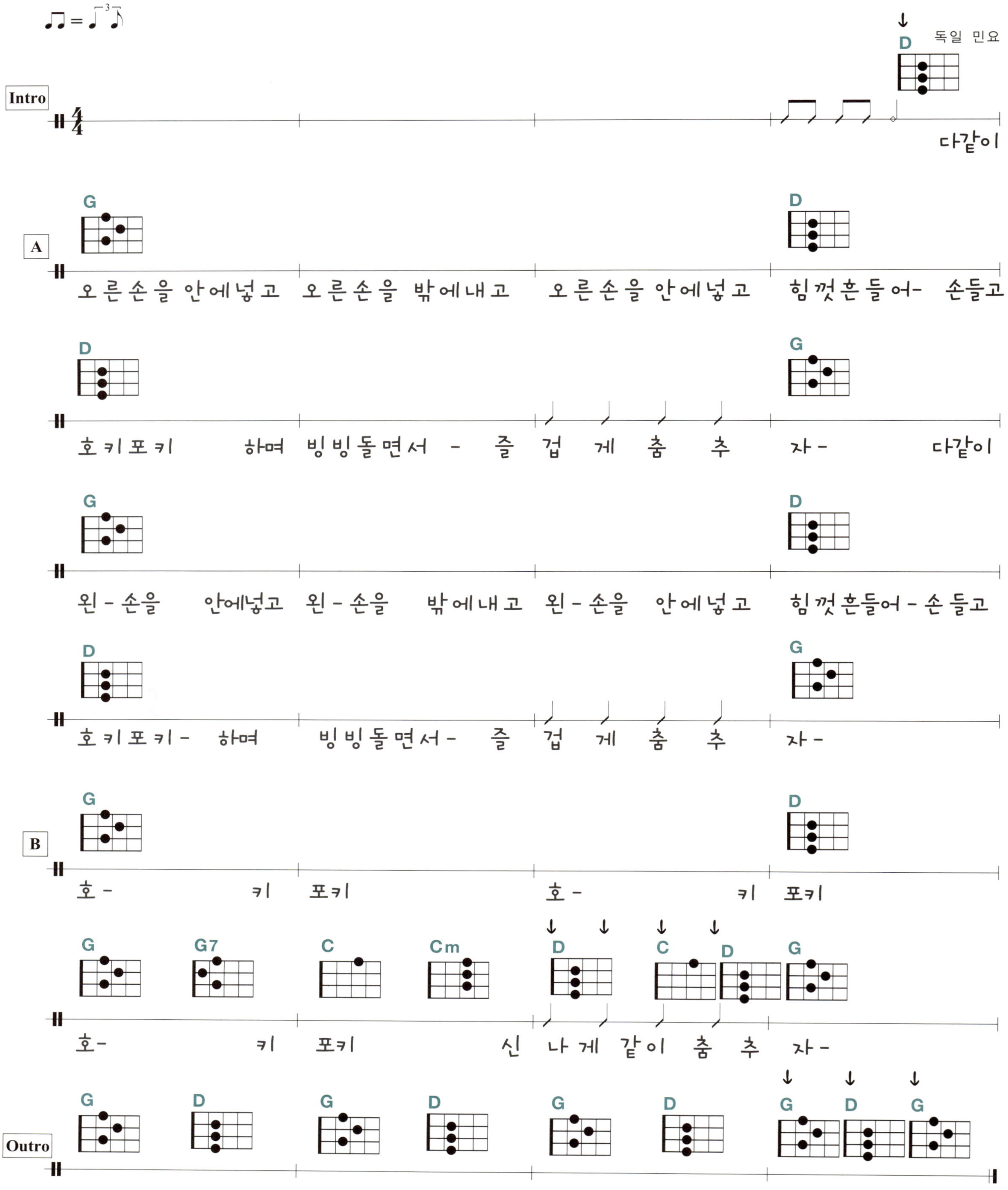
독일 민요
Intro
D
다같이
A
G
D
오른손을 안에넣고 오른손을 밖에내고 오른손을 안에넣고 힘껏흔들어- 손들고
D
G
호키포키 하며 빙빙돌면서 - 즐 겁 게 춤 추 자- 다같이
G
D
왼-손을 안에넣고 왼-손을 밖에내고 왼-손을 안에넣고 힘껏흔들어-손 들고
D
G
호키포키- 하며 빙빙돌면서- 즐 겁 게 춤 추 자-
B
G
D
호- 키 포키 호- 키 포키
G G7 C Cm D C D G
호- 키 포키 신 나 게 같이 춤 추 자-
Outro
G D G D G D G D G

08 자장가

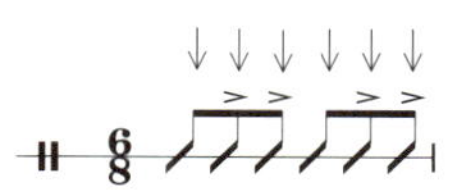

모차르트

A

C　　　　　　　　G7　　　　　　　C
잘　자　라　우　리　아　　가

F　　　　　　　　　　　　C
앞　뜰　과　뒷　동　산　　에

G　　　　　　　　　　　　G7
새　들　도　아　가　양　　도

C　　　　　　　　　　　C　　　　C7
다　-　들　자　-　는　　데

B

F　　　　　　　　　　　F　　　　D7
달　님　은　영　창　으　　로

C　　　　　　　G7　　　　　　　C
은　구　슬　금　구　슬　　을

G7　　　　　　　C　　　　　　　G7
보　내　는　이　-　한　　밤

C

C　　　　　　　G7　　　　　　　C
잘　자　라　우　리　아　　가

13

09 KAIMANA HILA

8비트 셔플

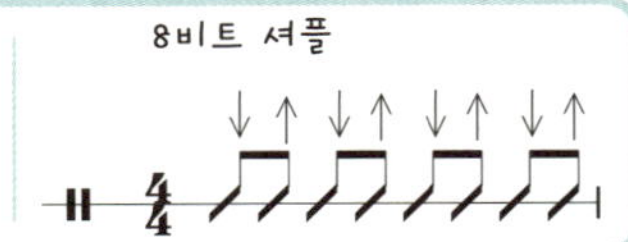

하와이 민요

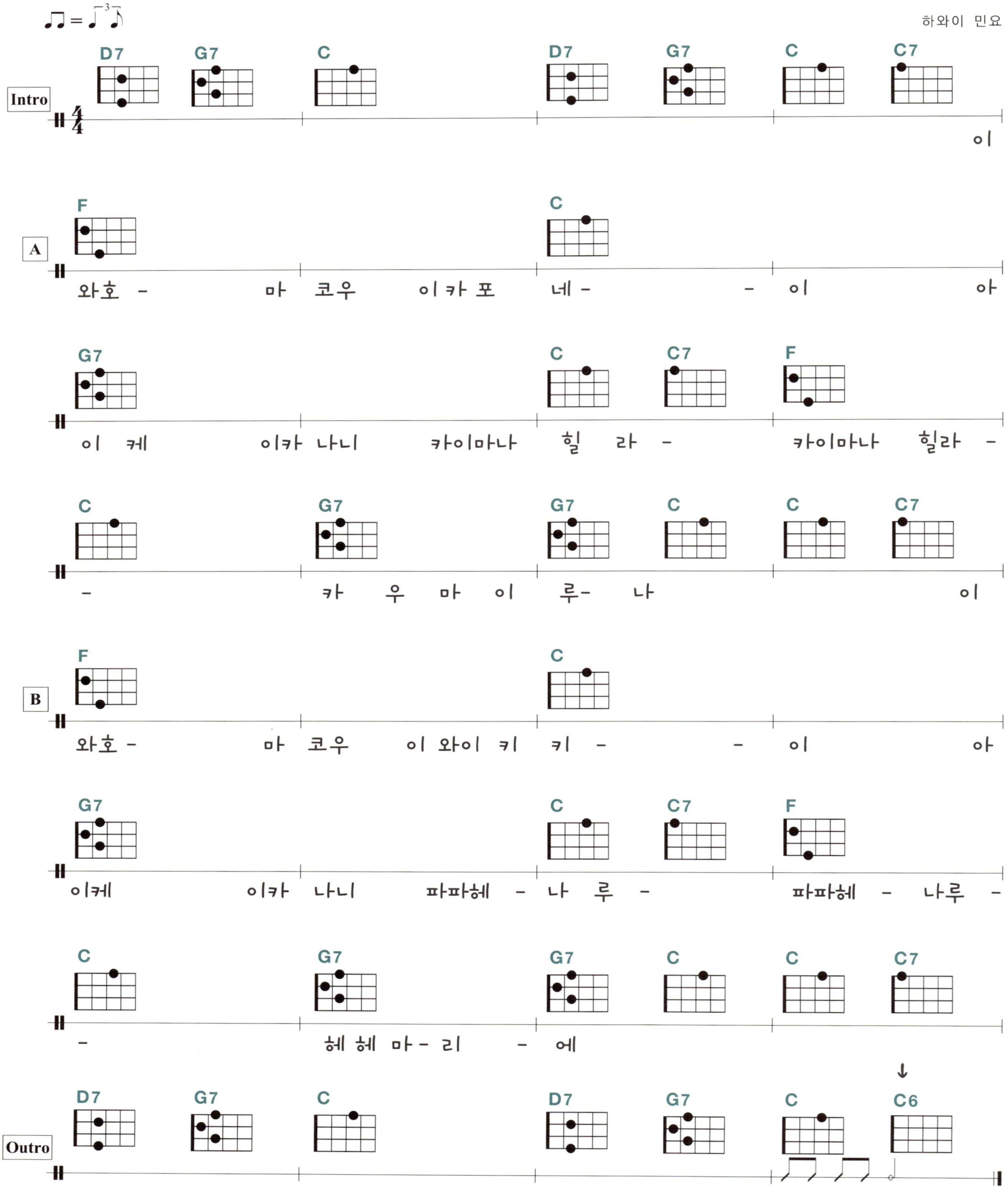

Intro
D7 G7 C D7 G7 C C7
이
A
F C
와호 - 마 코우 이카포 네 - - 이 아
G7 C C7 F
이 케 이카 나니 카이마나 힐 라 - 카이마나 힐라 -
C G7 G7 C C C7
- 카 우 마 이 루- 나 이
B
F C
와호 - 마 코우 이 와이 키 키 - - 이 아
G7 C C7 F
이케 이카 나니 파파헤 - 나 루 - 파파헤 - 나루 -
C G7 G7 C C C7
- 헤 헤 마 - 리 - 에
Outro
D7 G7 C D7 G7 C C6

10 예쁜 아기 곰

8비트 스트레이트

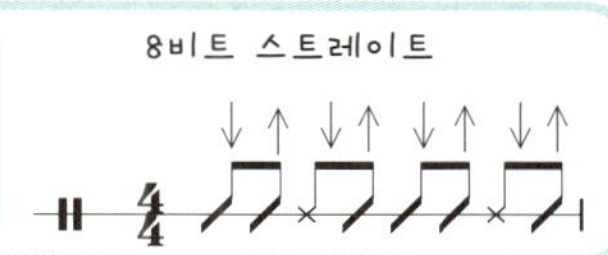

뽀로로 삽입곡

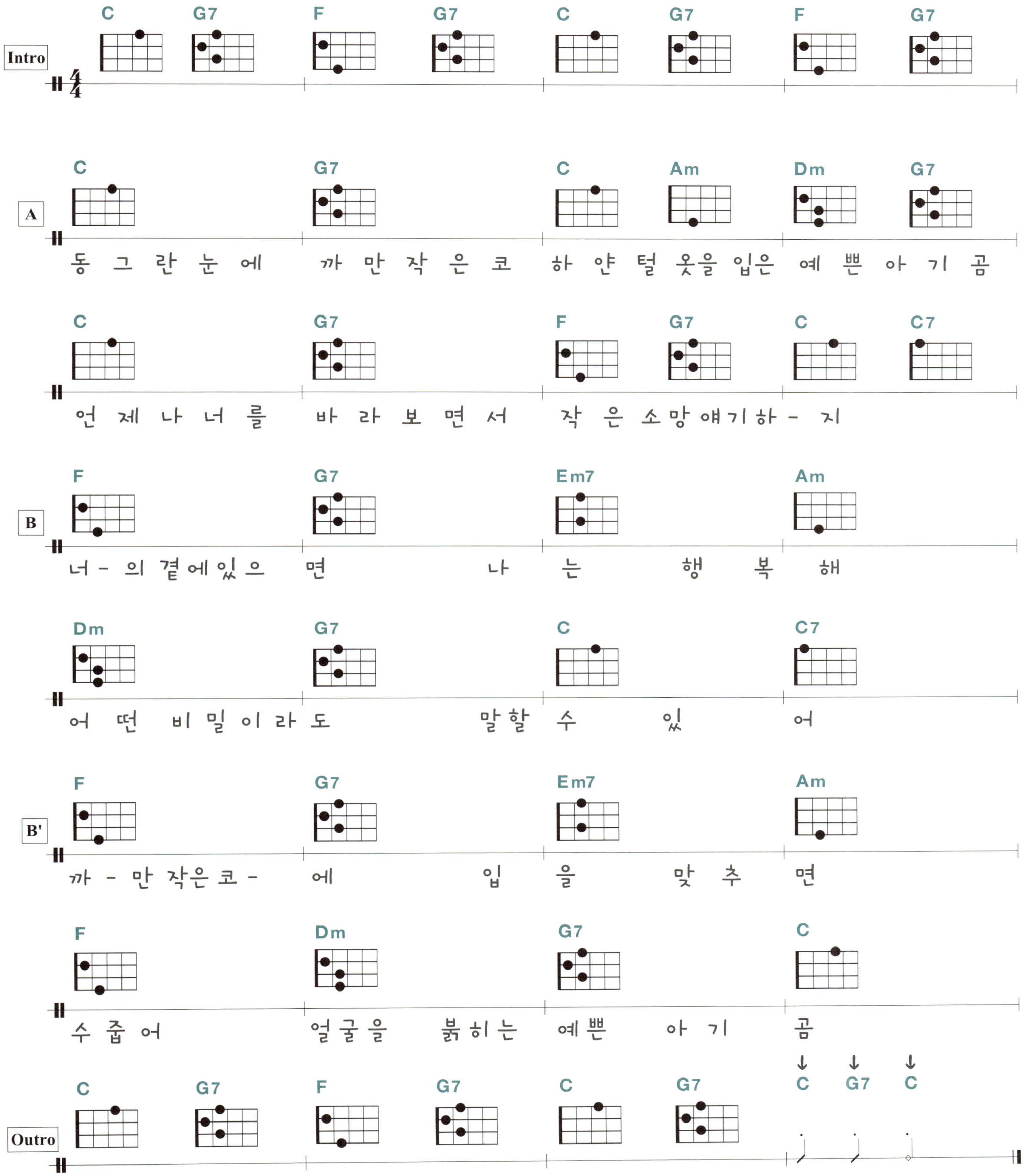
Intro
C G7 F G7 C G7 F G7
A
C G7 C Am Dm G7
동 그 란 눈 에 까 만 작 은 코 하 얀 털 옷을 입은 예 쁜 아 기 곰
C G7 F G7 C C7
언 제 나 너 를 바 라 보 면 서 작 은 소 망 얘 기 하 - 지
B
F G7 Em7 Am
너 - 의 곁 에 있 으 면 나 는 행 복 해
Dm G7 C C7
어 떤 비 밀 이 라 도 말 할 수 있 어
B'
F G7 Em7 Am
까 - 만 작은 코 - 에 입 을 맞 추 면
F Dm G7 C
수 줍 어 얼 굴 을 붉 히 는 예 쁜 아 기 곰
Outro
C G7 F G7 C G7 C G7 C

다음과 같은 순서로 코드를 연습해 보세요

C

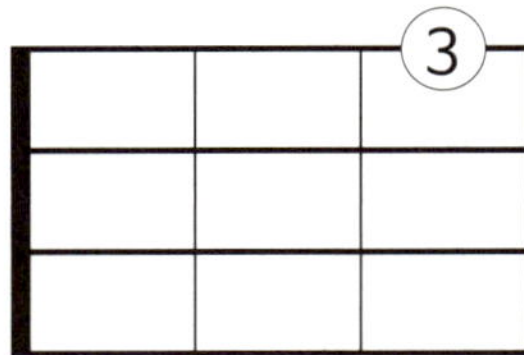

⇩

C7

쉽죠?

⇩

F

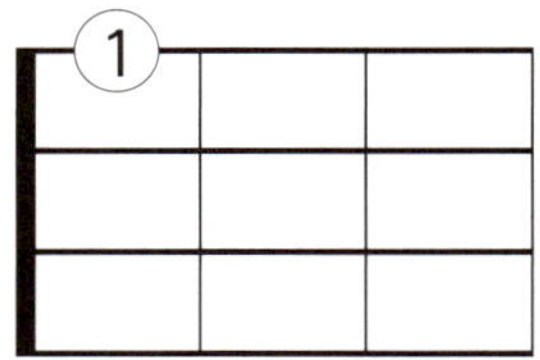

②번을 누를 때
아랫줄을 건드리지 않게 연습해 봐요!

⇩

G7

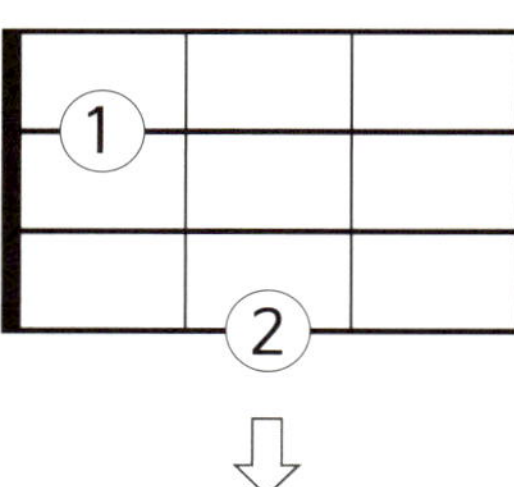

①번은 움직일 필요가 없어요!
②번은 '한칸내리기' 라고
생각하세요.

4개의 코드를 배웠어요!
이제 차근차근 동그라미를 늘려 봅시다

메이저	마이너	도미넌트 세븐
A	Am	A7
B	Bm	B7
C (○)	Cm	C7 (○)
D	Dm	D7
E	Em	E7
F (○)	Fm	F7
G	Gm	G7 (○)

11 조개껍질 묶어

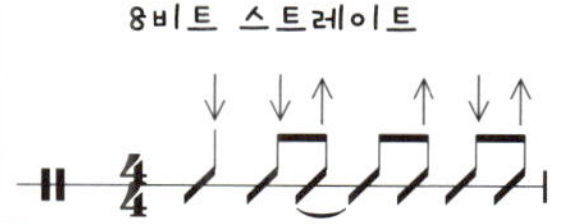

윤형주

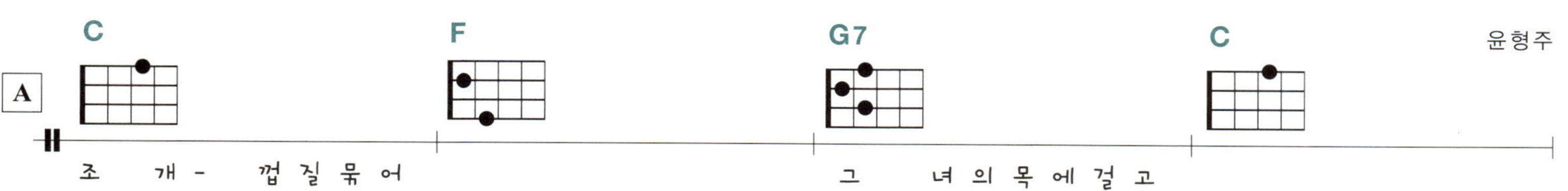

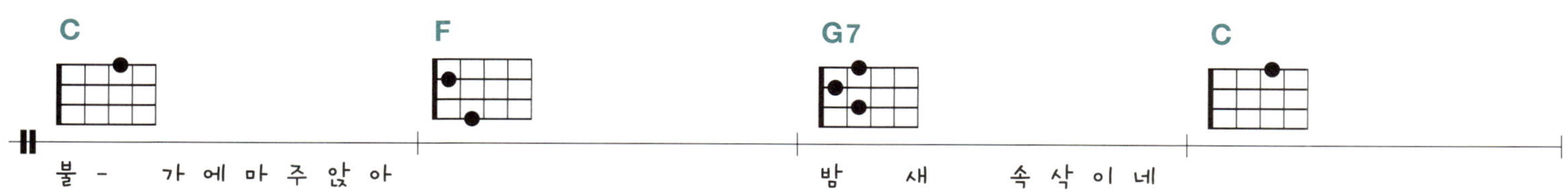

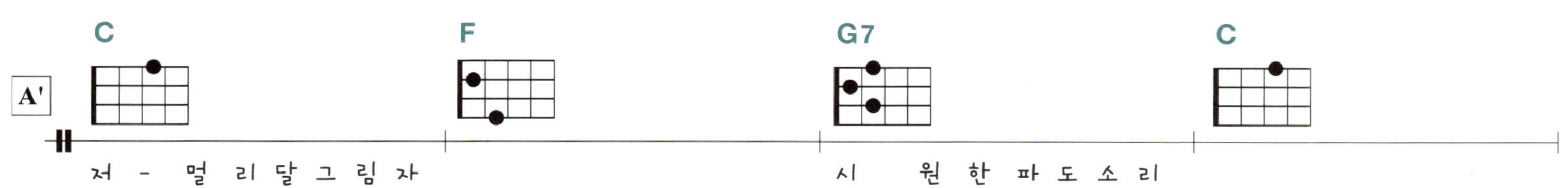

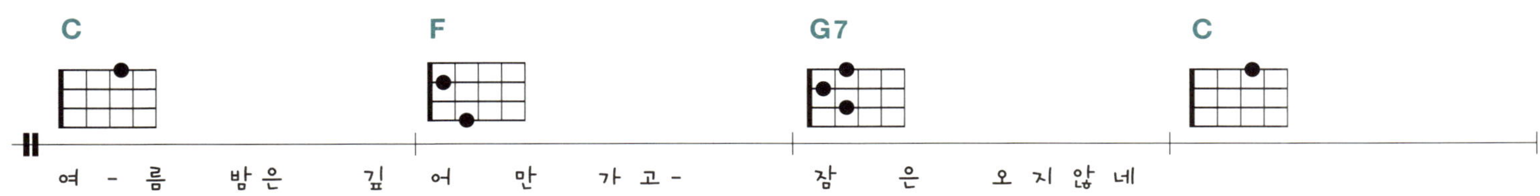

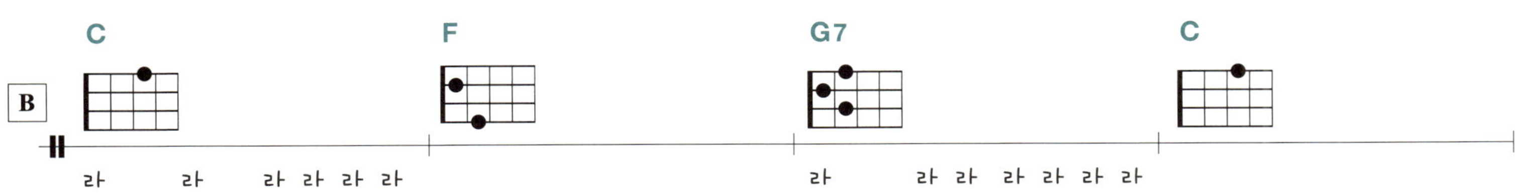

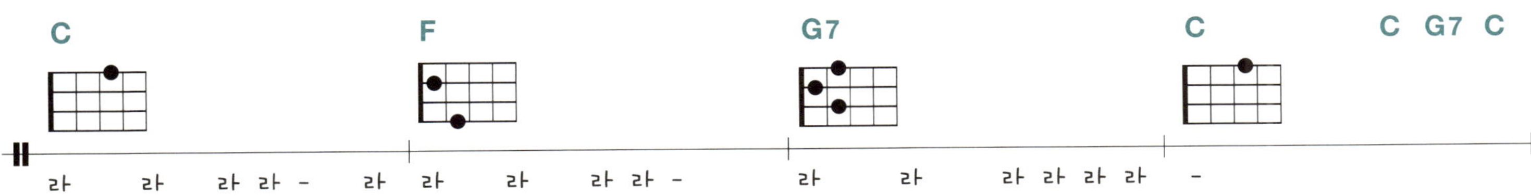

12 LEMON PIE

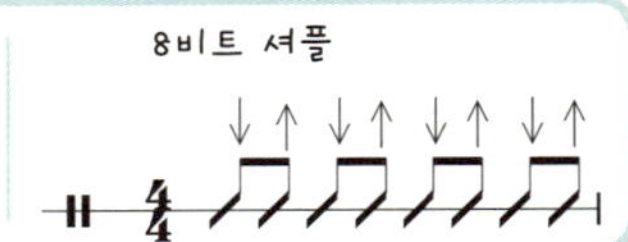

스탠딩 에그

A

| C | Am | F | G7 | C | Am | F | G7 |

멈 춰 버 린 것 같   아 - 나 만 빼 고 모 두   아 무 것 도 들 리   지   않 아 -
빨 라 진 것 만 같   아 - 나 만 빼 고 모 두   발 이 떨 어 지 지   가   않 아 -

| C | Am | F | G7 | C | Am | F | G7 |

너 를 바 라 볼 때   마 다   항 상 그 래   사 랑 에 빠 져 버 린   것 같 아 - 너 는
너 와 헤 어 질 때   마 다   항 상 그 래   사 랑 에 빠 져 버 린   것 같 아 - 너 는

B

| C | Am | F | G7 | C | Am | F | G7 |

달 콤 하 고 새 콤 하 면 서   봄 날 처 럼 싱 그 러 워   겉 모 습 이 랑 다 르 게   속 은 너 무 부 드 러 워

| C | Am | F | G7 | C | Am | F | G7 |

그 런 널 어 떻 게 내 가   싫 어 할 수 있 겠   - 니   옐 로 레 몬

C

| C | Am | F | G7 | C | Am | F | G7 |

- 파 이 -   바 라 만 봐 도 난   행 복   해 -   겹 겹 히   쌓 여 서
상 상 만 으 로 도   행 복   해 -   어 느 새   사 르 르

| C | Am | F | G7 | C | Am | F | G7 |

알 수 없 는 네 맘 같 아   - 그 래 서 또 보 고 파 -   옐 로 레 몬 *D.C*
녹 아 버 린 내 맘 같 아   - 그 래 서 또 보 고 파 -   라 라 랄 라

D

| C | Am | F | G7 | C | Am | F | G7 |

- 라   라 라 랄 랄   - 라 ↗   다 라 랄   랄 - 라   라 라 랄 랄   - 라 ↘   다 라 랄 랄

| C | Am | F | G7 | C | Am | F | G7 | C |

- 라   라 라 랄 랄   - 라 ↗   다 라 랄   랄 - 라   옐 로 레 몬 파 이 -

13 바람아 멈추어 다오

8비트 스트레이트

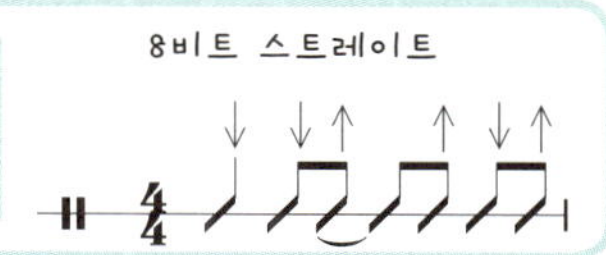

이지연

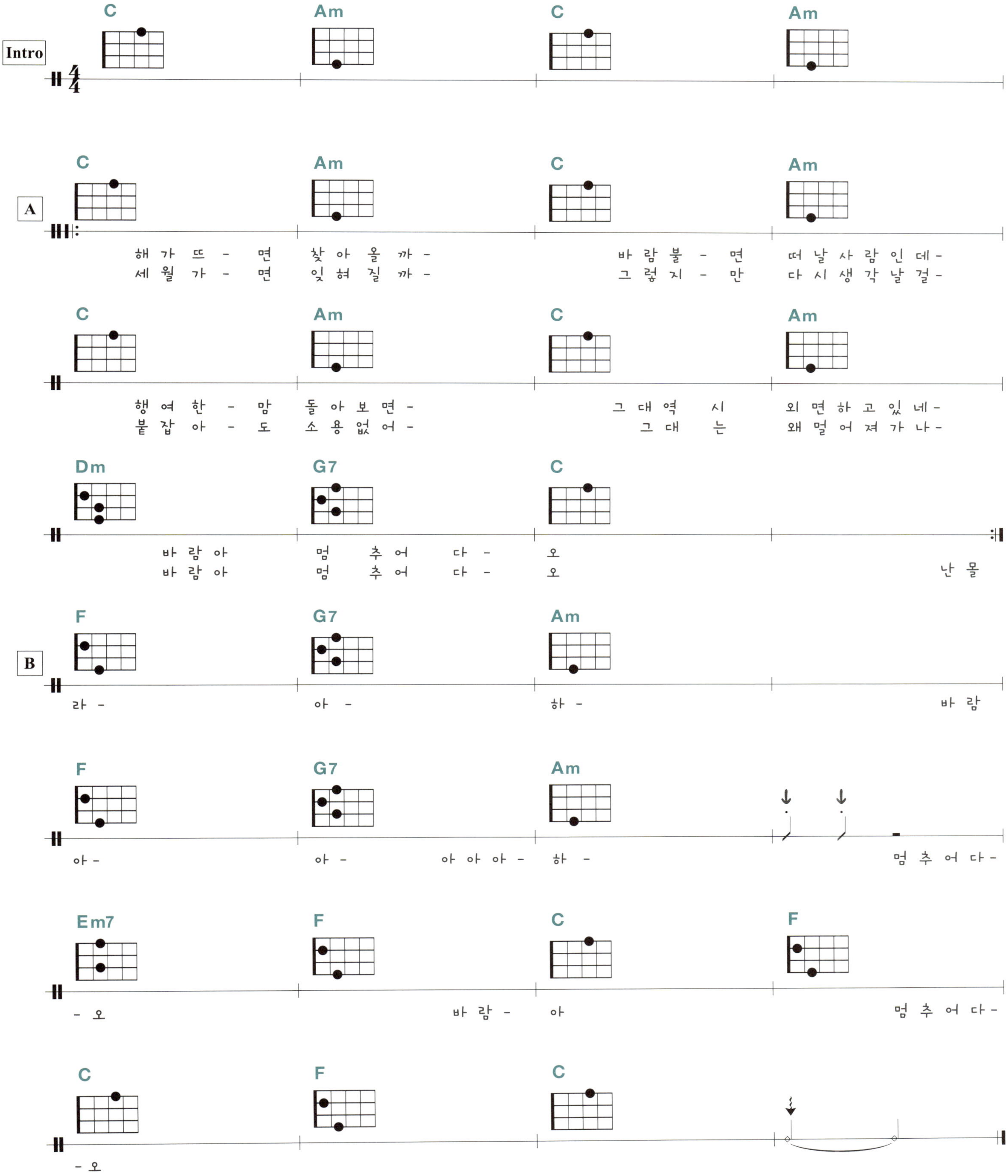
Intro
C Am C Am
A
C Am C Am
해 가 뜨 - 면 찾 아 올 까 - 바 람 불 - 면 떠 날 사 람 인 데 -
세 월 가 - 면 잊 혀 질 까 - 그 렇 지 - 만 다 시 생 각 날 걸 -
C Am C Am
행 여 한 - 맘 돌 아 보 면 - 그 대 역 시 외 면 하 고 있 네 -
붙 잡 아 - 도 소 용 없 어 - 그 대 는 왜 멀 어 져 가 나 -
Dm G7 C
바 람 아 멈 추 어 다 - 오
바 람 아 멈 추 어 다 - 오 난 몰
B
F G7 Am
라 - 아 - 하 - 바 람
F G7 Am
아 - 아 - 아 아 아 - 하 - 멈 추 어 다 -
Em7 F C F
- 오 바 람 - 아 멈 추 어 다 -
C F C
- 오

14 쿵따리 샤바라

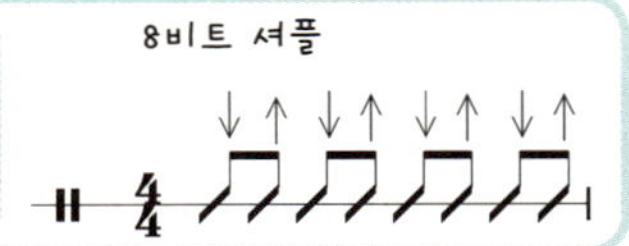

♫ = ♪³♪

클론

A

| C | G7 | | C |

마음이 울적하고 답 답할 - 때　산으 로 올라가 소리 한번　질러 - 봐 나처

| F | C | G7 | |

럼 이렇 - 게 가 슴을 펴 - 고　쿵 따리 샤바라 빠 - 빠 빠 빠

B

| C | G7 | | C |

쿵 따리 샤바라 빠 - 빠 빠　빠 빠 빠 - 빠 빠　빠 빠 - 빠

| C | G7 | | C |

쿵 따리 샤바라 빠 - 빠 빠　빠 빠 빠 - 빠 빠　빠 빠 - 빠

C

| F | C | Dm | G7 |

다 그렇게 사 - 는 거야 희　비가 엇갈리는 세상　속에서 -

| F | C | Dm | G7 |

내 일이 다시 찾아 오기 - 에 우　리는 희망을 안고 사 는 거 - 야

B'

| C | G7 | | C |

쿵 따리 샤바라 빠 - 빠 빠　빠 빠 빠 - 빠 빠　빠 빠 - 빠

| C | G7 | | C |

쿵 따리 샤바라 빠 - 빠 빠　빠 빠 빠 - 빠 빠　빠 빠 - 빠

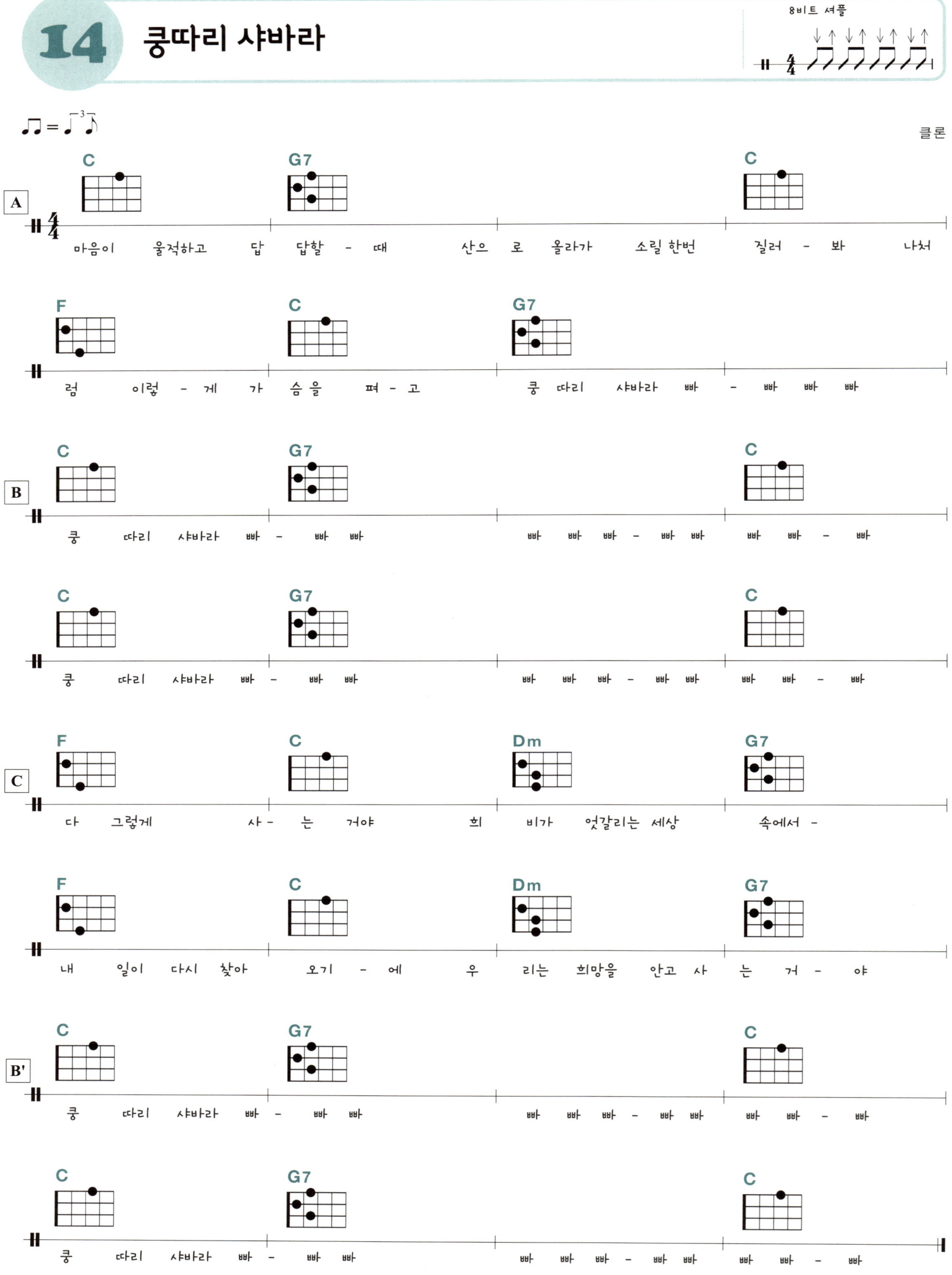

15 염소 4만원

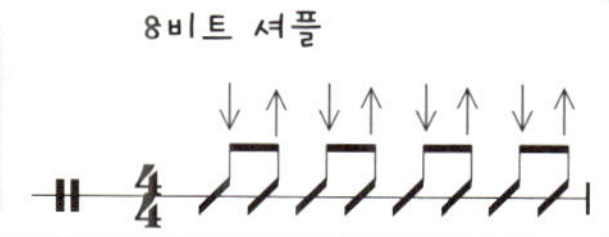

옥상 달빛

Intro — C | F G7 | C | D7 G7

A
C | F C | F C | D7 G7
너희들은 염소가 / 얼마지 아니 / - 몰라 / - 몰라

C | F C | F G7 | C
아 프 리 카 에 선 / 염소 한 마리 / 4만원 이 / 래 - (싸다!)

B
F C | F G7 C | F C | F G7
하루에 / 커피한잔 / 줄 이 면 / 한 달에 염소가 / 네 마 리

F C | F G7 C | F C | D7 G7
한달에 옷 한벌 / 안 사 면 / 여기선 염소가 / 댓 마 리

A'
C | F C | F C | D7 G7
지구의 반대편 / 친 구 들 에 게 / - 선 물 / - 하 자

C | F C | F G7 | C
아 프 리 카 에 선 / 염소 덕분에 / 학 교 간 단 / 다

F | G7 | C G7 C
학 교 / 보 내 / 자 -

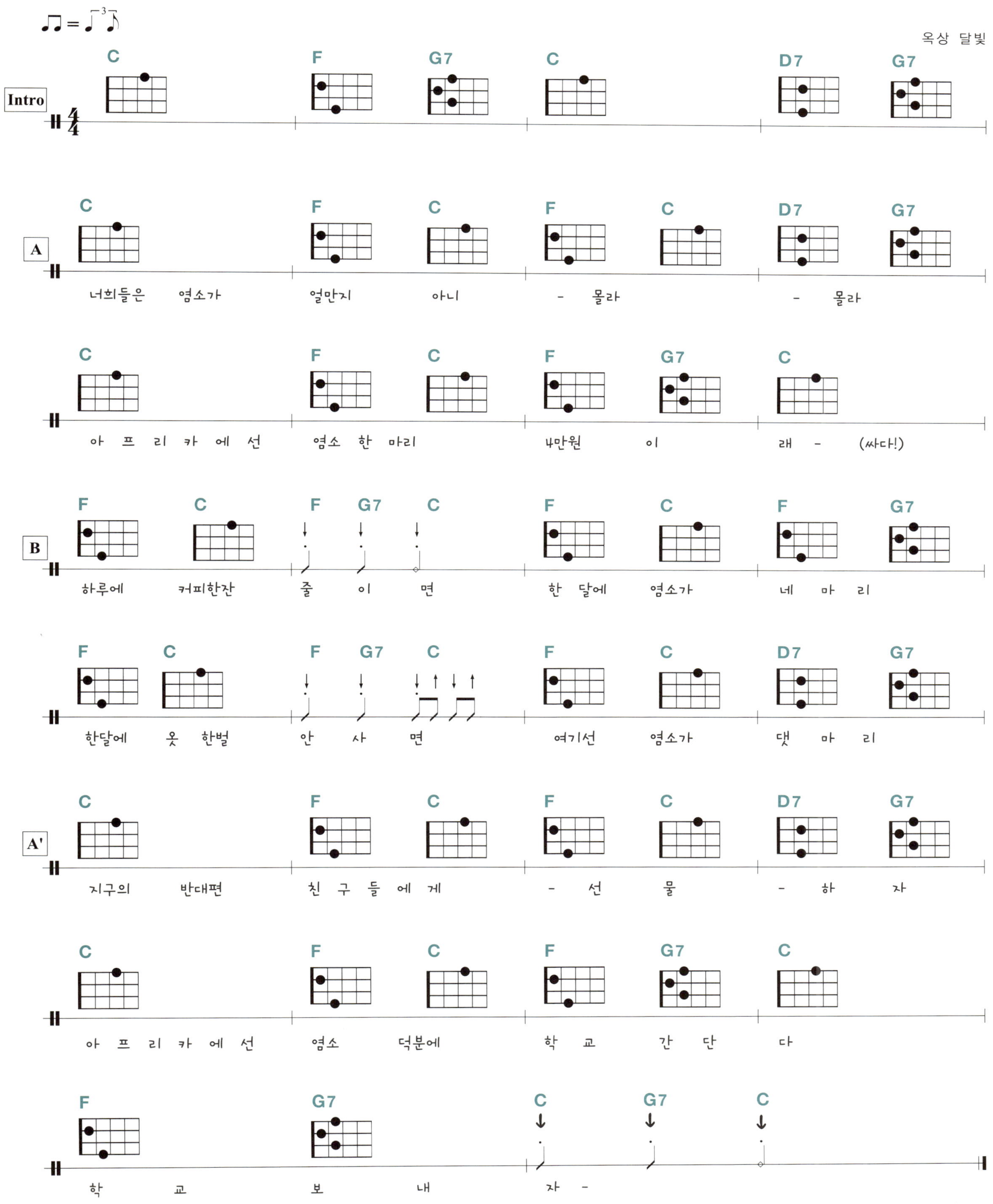

16 아름다운 구속

8비트 스트레이트

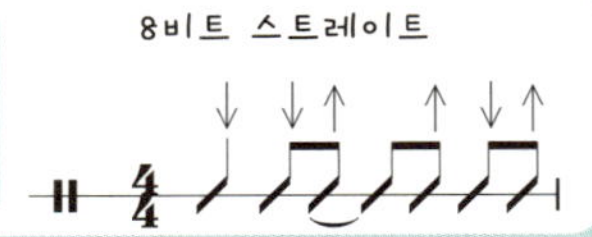

김종서

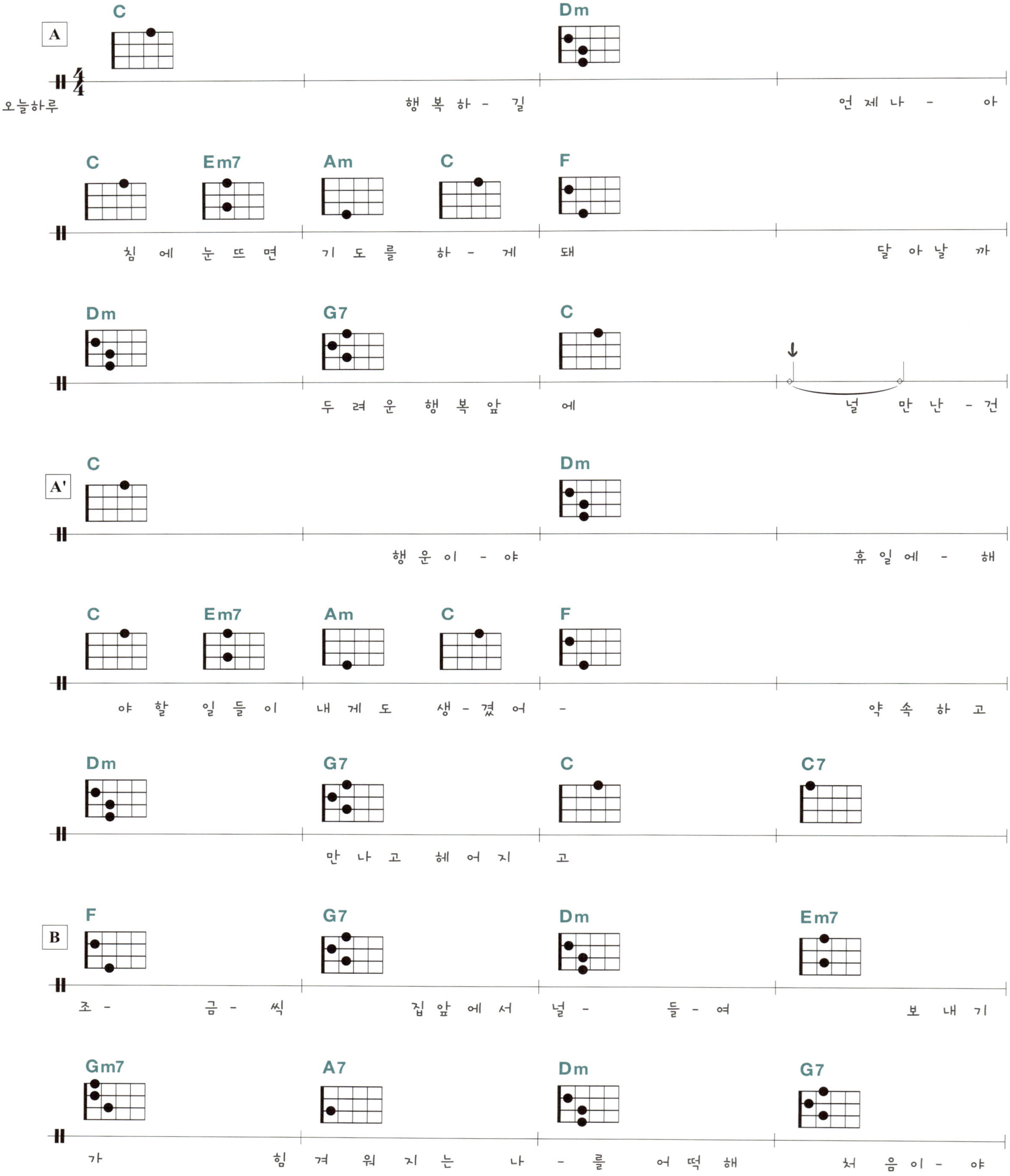

A
C Dm
오늘하루 행복하- 길 언제나 - 아
C Em7 Am C F
침 에 눈 뜨 면 기 도 를 하 - 게 돼 달 아 날 까
Dm G7 C
두 려 운 행 복 앞 에 널 만 난 - 건
A'
C Dm
행 운 이 - 야 휴 일 에 - 해
C Em7 Am C F
야 할 일 들 이 내 게 도 생 - 겼 어 - 약 속 하 고
Dm G7 C C7
만 나 고 헤 어 지 고
B
F G7 Dm Em7
조 - 금 - 씩 집 앞 에 서 널 - 들 - 여 보 내 기
Gm7 A7 Dm G7
가 힘 겨 워 지 는 나 - 를 어 떡 해 처 음 이 - 야

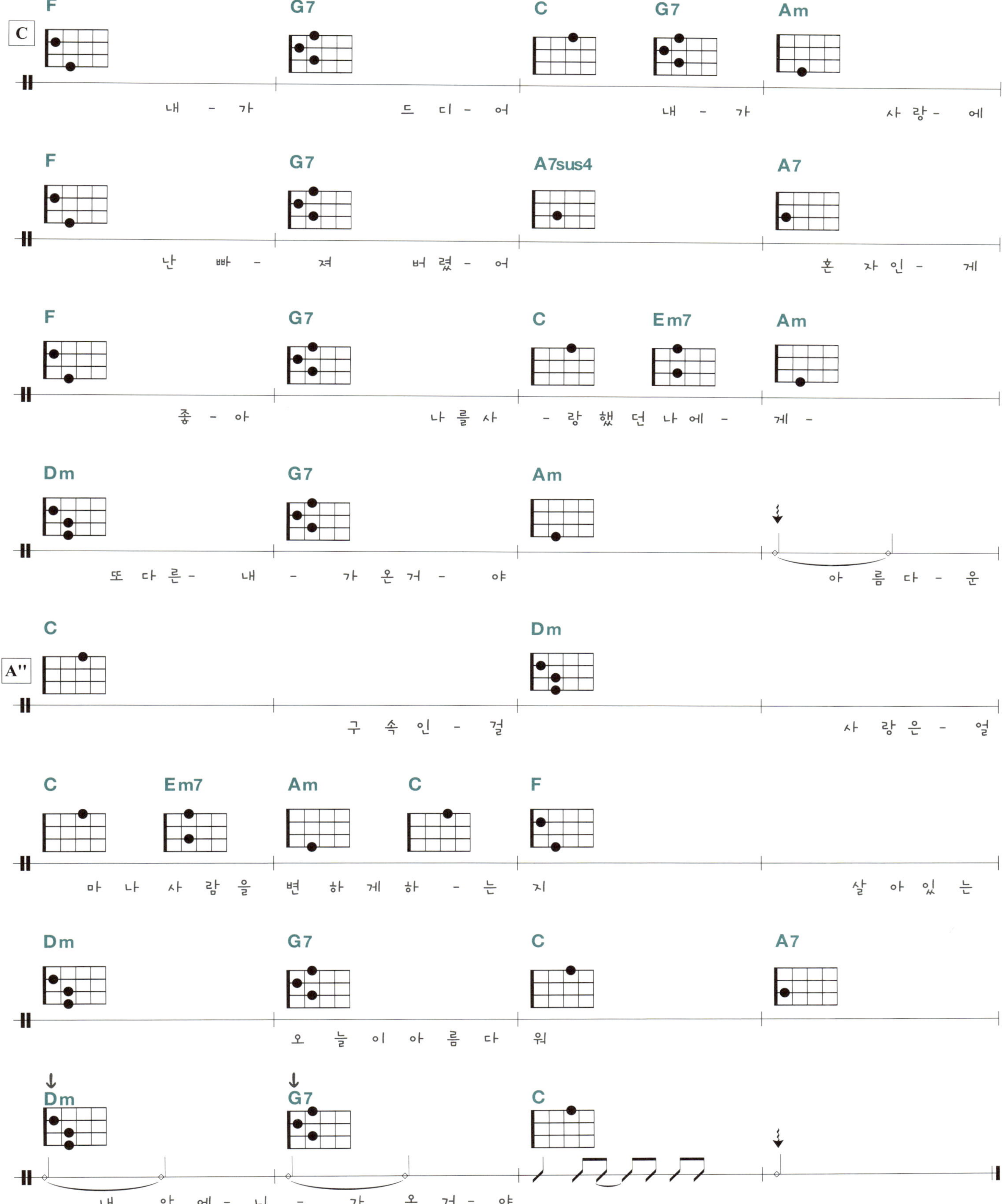

C
F G7 C G7 Am
내 - 가   드 디 어   내 - 가   사 랑 - 에
F G7 A7sus4 A7
난 빠 - 져 버 렸 - 어   혼 자 인 - 게
F G7 C Em7 Am
좋 - 아   나 를 사 - 랑 했 던 나 에 - 게 -
Dm G7 Am
또 다 른 - 내 - 가 온 거 - 야   아 름 다 - 운
A''
C Dm
구 속 인 - 걸   사 랑 은 - 얼
C Em7 Am C F
마 나 사 람 을 변 하 게 하 - 는 지   살 아 있 는
Dm G7 C A7
오 늘 이 아 름 다 워
Dm G7 C
내 앞 에 - 니 - 가 온 거 - 야

17 사랑 빛

8비트 셔플

C.N.Blue

A

C | | E7 |
그댈 보면 | 얼굴이 빨개지고 | 그댈 보면 | 가슴이 두근두근

F | | G7 |
아이처럼 | 수줍기 - 만 | 하 고 |

A'

C | | E7 |
그댈 보면 | 괜시리 웃음이나 | 바보처럼 | 자 - 꾸만 그래
그댈 보면 | 구름을 나는기분 | 유치해도 | 자 - 꾸만 그래

F | | G7 |
아마 - | 내게 | 사랑이 온건가봐 | 그대는

B

C | | E7 |
Darling - | 밤 하늘 별빛보다 | 아름다워요 - | 내 맘속
Lovely - | 저 하늘 햇살보다 | 눈이부셔요 - | 내 맘속

F | | G7 |
깊은 곳 에서 | 반 짝거리는 | 나 만의 사랑 빛 | 그대를 사랑해요
어둔 곳 까지 | 밝 게 비추는 | 나 만의 사랑 빛 | 그대를 사랑해요

B'

C | | E7 |
Darling - | 언제나 내곁에서 | 빛을 내줘요 - | 매일 밤
Lovely - | 두눈을 감아봐도 | 그대 보여요 - | 이렇게

F | | G7 | C
바라보고 | 바라봐도 | 아름다워요 - | 그댄 나의 사랑 빛
바라보고 | 바라봐도 | 눈이부셔요 - | 그댄 나의 사랑 빛

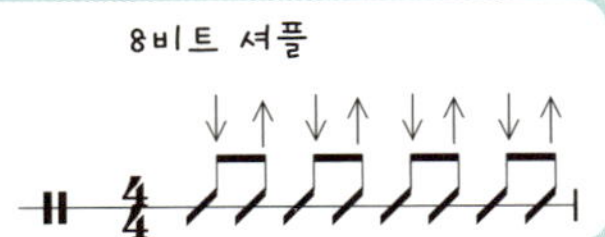

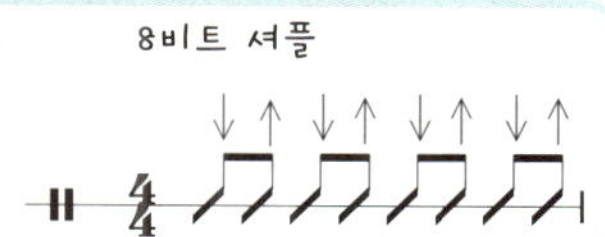

18 ALL ABOUT YOU

♩♩ = ♩³♩

Mc Fly

A

| C | Am | Dm | G7 |

IT'S ALL ABOUT - YOU   IT'S ALL ABOUT YOU BABY

| C | Am | Dm | G7 |

IT'S ALL ABOUT - YOU   IT'S ALL ABOUT YOU - **Fine**

B

| C | E7 | Am | |

YESTERDAY YOU ASKED ME SOMETHING I THOUGHT YOU KNEW SO I
THEN YOU WHISPERED IN MY EAR AND YOU TOLD ME TO SAY IF YOU

| F | G7 | C | |

TOLD YOU WITH A SMILE IT'S ALL ABOUT YOU
MAKE MY LIFE WORTH WHILE IT'S ALL ABOUT YOU

C

| F | Fm | C | G | Am |

I WOULD ANSWER ALL YOUR WISHES IF YOU ASKED ME TO -

| D7 | G7 |

YOU DENY ME ONE OF YOUR KISSES I DON'T KNOW WHAT I'D DO -

D

| C | E7 | Am |

HOLD ME CLOSE AND SAY THREE WORDS LIKE YOU USED TO DO - DANCING

| F | G7 | C | G7 |

ON THE KITCHEN TILES IT'S ALL ABOUT - YOU YEAH **D.C. al Fine**

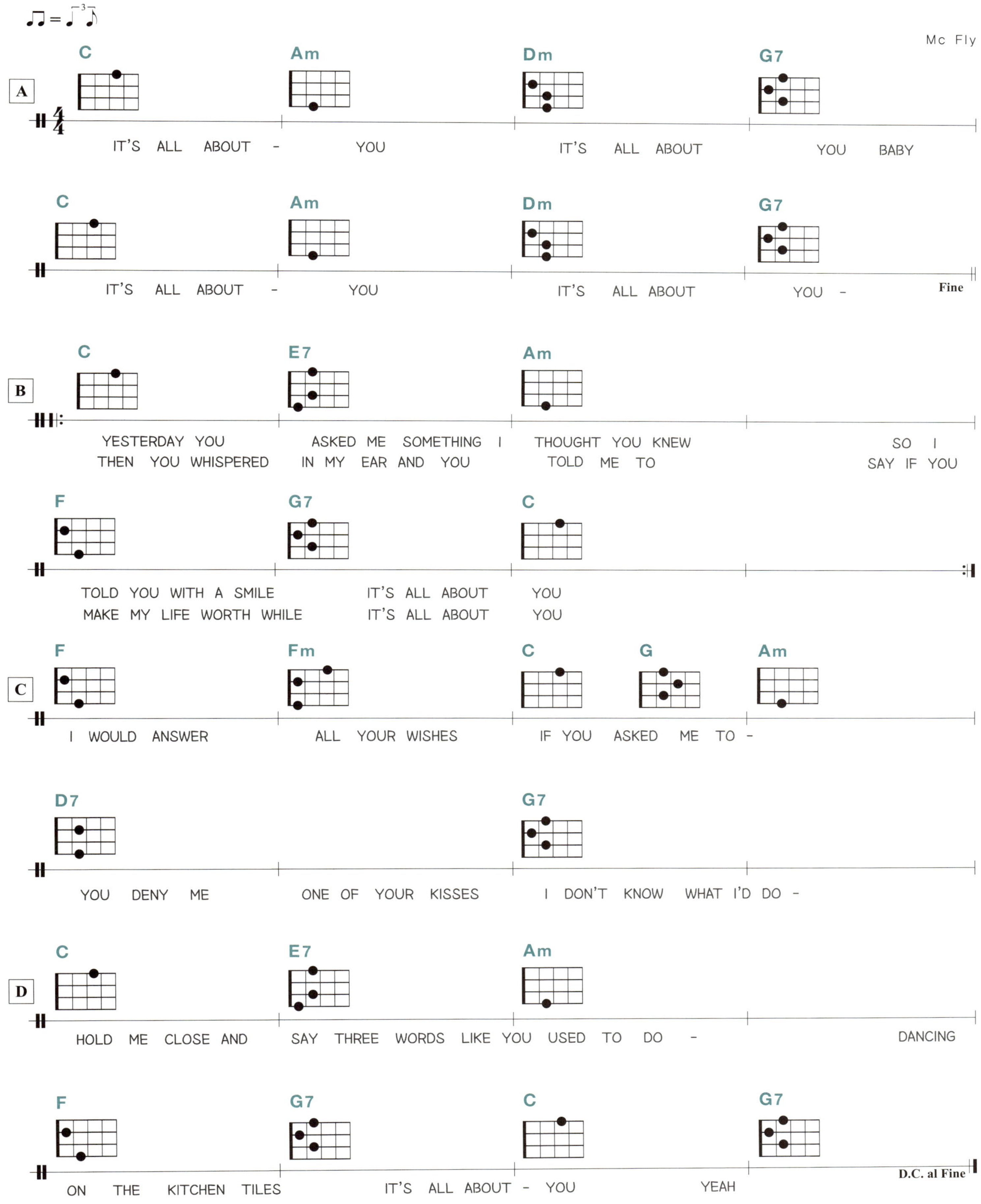

19 너에게 난 나에게 넌 (영화 '클래식' ost 삽입곡)

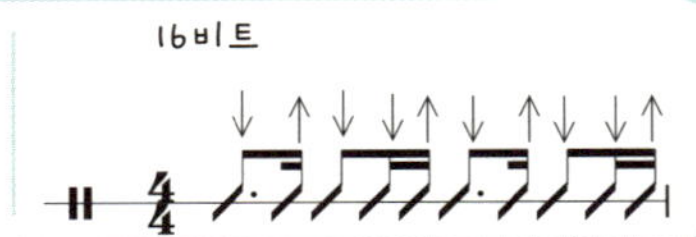

자전거 탄 풍경

A

C	G	Am	Em7	F	C	Dm	G7

너에게 난 해질 녘　노을 - 　처럼 - 　한 편의　아름다운　추억이　되고

C	G	Am	Em7	F	C	Dm	G7

소중했던 - 　우리　푸르던 날을 기억하며　우 - 　후회없이　그림처럼　남아 주기를

B

C	G	Am	Em7	F	C	Dm	G7

나에게 넌 - 　내　외롭던　지난　시간을　환하게　비춰주던　햇살이 - 　되고

C	G	Am	Em7	F	C	Dm	G7

조그맣던 - 　너의　하얀　손 위에　빛나는 보석 처럼　영원의　약속이　되어

C

C	G	Am	Em7	F	C	Dm	G7

너에게 난 해질 녘　노을 - 　처럼 - 　한 편의　아름다운　추억이　되고

C	G	Am	Em7	F	C	Dm	G7

소중했던 - 　우리　푸르던 날을 기억하며　우 - 　후회없이　그림처럼　남아 주기를

B'

C	G	Am	Em7	F	C	Dm	G7

나에게 넌 - 　초록의　슬픈 노래로　내 작은　가슴 속에　이렇게　남아

C	G	Am	Em7	F	C	Dm	G7	C

반짝이던 - 　너의 예쁜 눈망울에　수 많은　별이 되어　영원토록 빛나고 싶 - 어

20 너의 의미

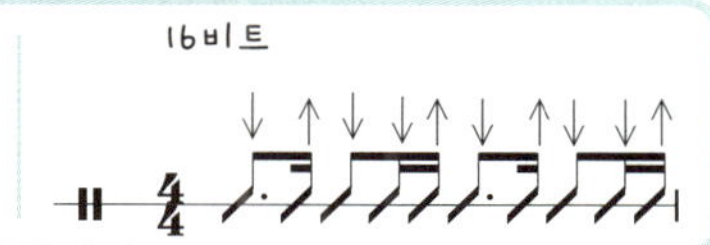

산울림

Intro

C　　CM7　　Fadd9　G7　C

A

C　　G7　　F　　　Am　C　G7

너의　그 한마디말도　　그 웃음도　나에겐　커다란 의미

C　　G7　　F　　　Am　C　G7

너의　그 작은눈빛도　　쓸쓸한뒷모습도　나에겐　힘겨-운 약속

B

F　C　G7　　　F　C　G7

너의모든것은 내게-로 와　　풀리지않는 수수께끼가 되-네

Am　　F　　　C　　　G7

슬픔은　간이역의　코스모스로 피고　스쳐 불어온넌 향긋한 바람

Am　　F　　　C　　　G7

나 이제　뭉게구름위에　성-을 짓고　널 향해 창을내-리바람 드는창을

A'

C　　G7　　F　　　Am　C　G7

너의　그 한마디말도　　그 웃음도　나에겐　커다란 의미

C　　G7　　F　　　Am　C　G7

너의　그 작은눈빛도　　쓸쓸한뒷모습도　나에겐　힘겨-운 약속

다음과 같은 순서로 코드를 연습해 보세요

A

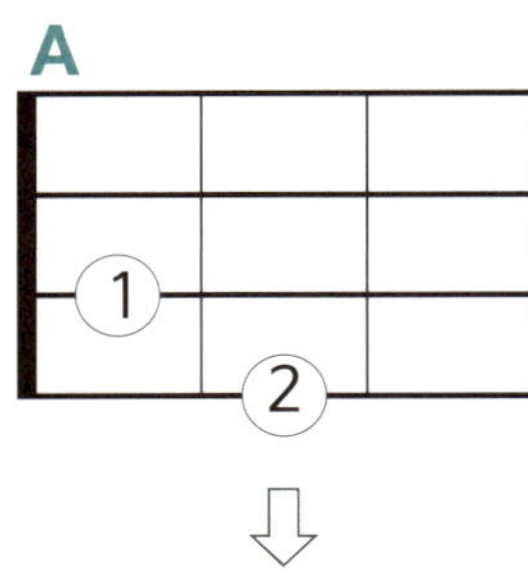

전 시간에 배운
F 코드 검지 하나 올리기

E7

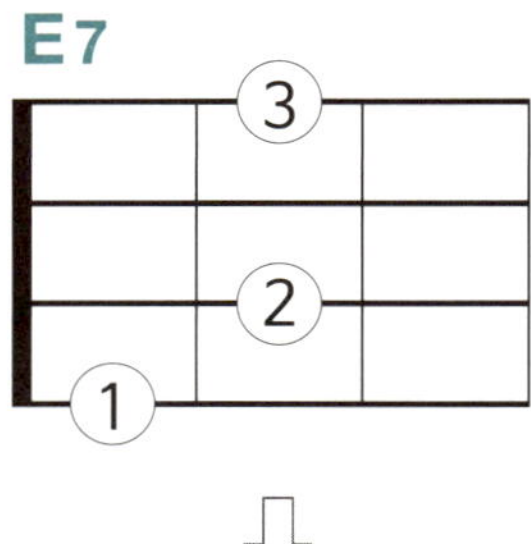

①과 ②의 위 아래를 바꾸고
③을 추가해요
한번에 바꿀 수 있게 연습 해 봐요!

D

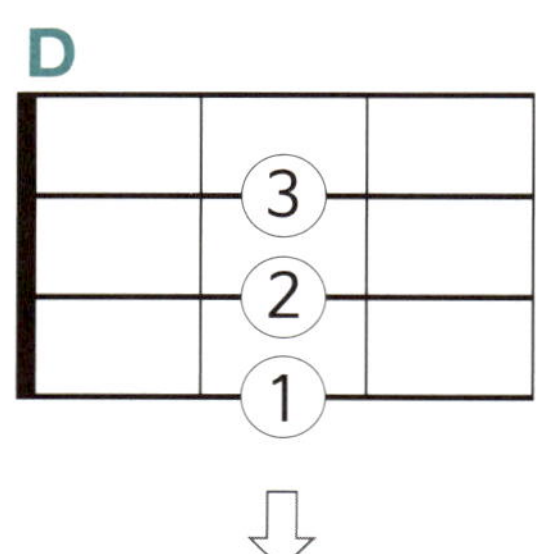

2번째 칸에 쪼로록~
모여있는 모양새.
손목을 헤드 쪽으로 비스듬하게
잡으면 편해요!

A7

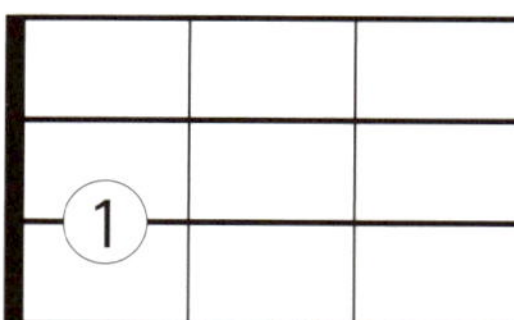

쉽죠? A와 비교해 보세요.

지금까지 8개 성공!

메이저	마이너	도미넌트 세븐
A (○)	Am	A7 (○)
B	Bm	B7
C (○)	Cm	C7 (○)
D (○)	Dm	D7
E	Em	E7 (○)
F (○)	Fm	F7
G	Gm	G7 (○)

21 밤이면 밤마다

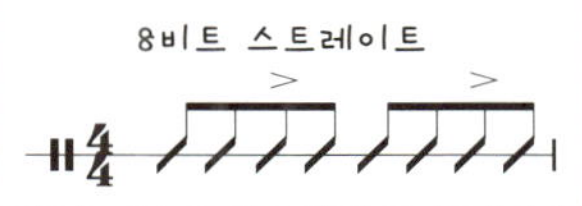

A

A
외로운 밤이면 밤마다　　님모습 떠올리기　　싫어　　희미한

D　　　　　　　　　　　　　　　　　　　　A
전등 불 밑에서　　내 모습 초라한 것　　같아　　싫 어　　정답게

E7　　　　　　　D　　　　　　　A　　　　　　　E7
지저귀는 저 새들　　내맘 알까 몰라

B

A　　　　　　　D　　　　　　　A　　　　　　　D
멀리　　떠나간　　내 님은　　혹시　　날 잊어　　버렸나 -

A　　　　　　　E7
잊지　　말자고　　해 해　　놓　　고 -　　내마음

A'

A
전해 줄 비둘기　　어디서 날아와준　　다면　　예쁜 종

D　　　　　　　　　　　　　　　　　　　　A
이 접어 내 님께　　이 마음 알려드릴　　텐데　　어 쩌 나　　휘영청

E7　　　　　　　D　　　　　　　A
밝은 달도 내 맘을 - 모를거야 몰라

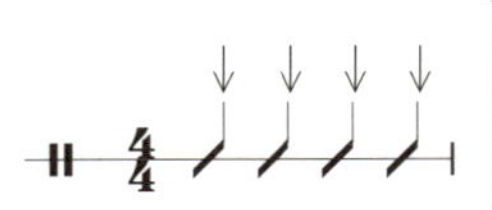

22 내 여자라니까

이승기

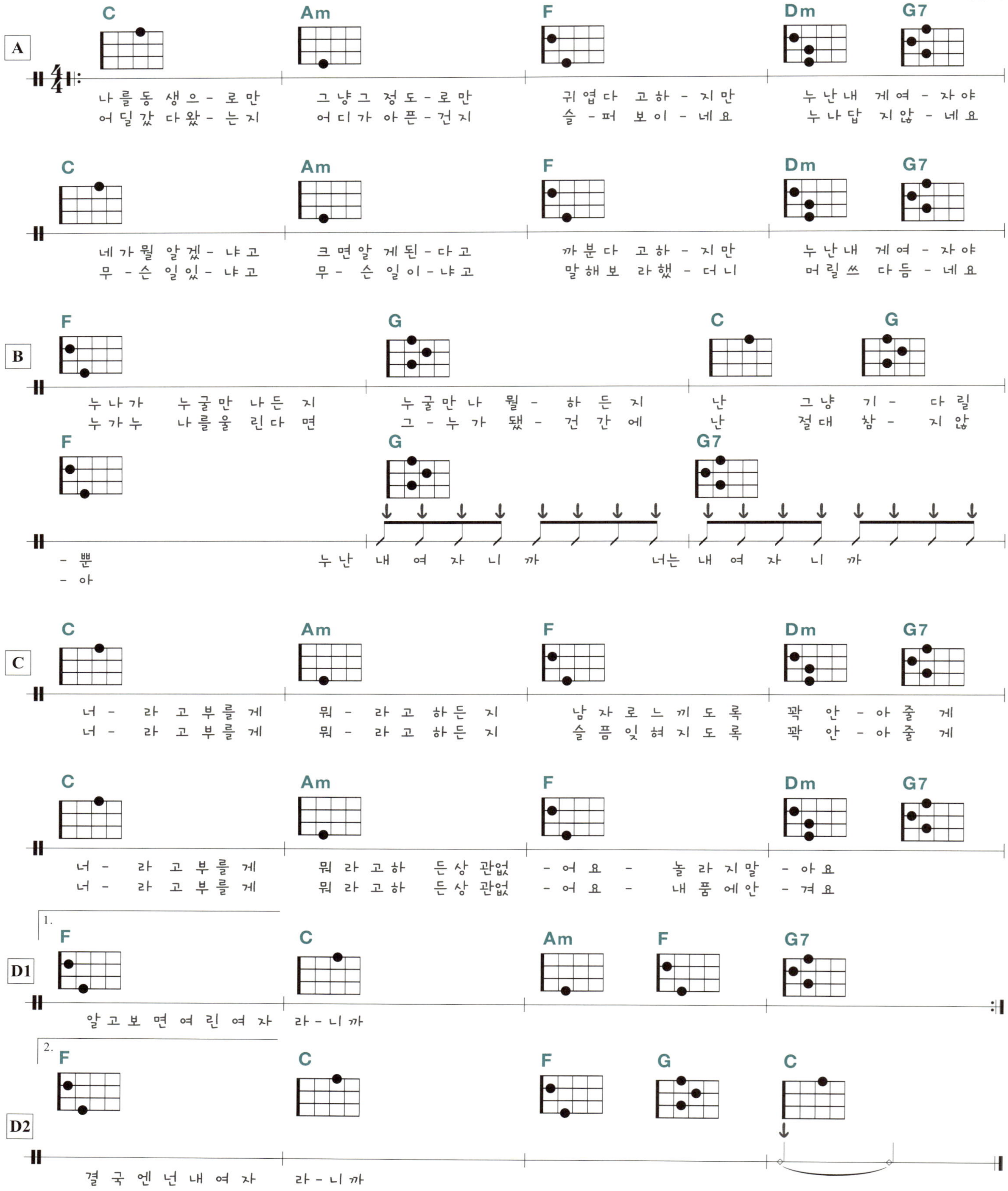

A

| C | Am | F | Dm | G7 |

| C | Am | F | Dm | G7 |

B

| F | G | C | G |

| F | G | G7 |

C

| C | Am | F | Dm | G7 |

| C | Am | F | Dm | G7 |

D1 (1.)

| F | C | Am | F | G7 |

D2 (2.)

| F | C | F | G | C |

23 요즘 너 말야

J Rabbit

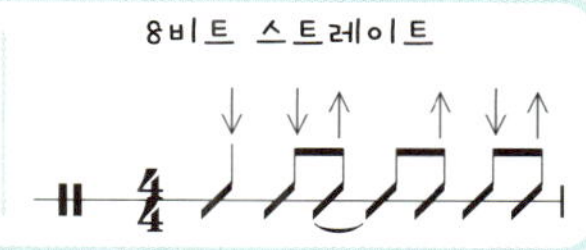

A

| G | D | Em7 | Bm7 |

요즘너말야 -　　참 고 민 이 많 - 아　　　어 떡 해　 - 야 할 지 모 르 겠 나 - 봐　　　언 제 나
　　　　　　参 웃 음 이 많 - 아　　　누 가 걱　 - 정 하 기 전 에 툭 툭 - 털 고　　　일 어 나

| C | G | Am | D |

- 　함 께 하 던 너 의 - 노 래 가 - 이 제 - 들 리 지 가 않 아 - 　　사 실 넌 말 야
- 　해 맑 은 미 - 소 로 - 날 반 겨 줄 거 　잖 아 -

B

| C | G | Am | D7 | G |

쉬 운 일 은 아 닐 - 거 - 야　　　어 른 이 된 다 는 것 말 야 -

| C | G | Am | D7 |

모 두 너 와 같 은 - 마 음 이 - 야 힘　을 내 보 는 거 야 - 다 시 너 로 돌 아 -

C

| G | D | Em7 | Dm | G7 |

가 이 렇 게 - 　　희 망 의 노 랠 불 - 러 새 롭 - 게 　　　널 기 다 리 는

| C | G | Am | D7 |

세 상 을 　기 - 대 해 봐 　다 시 달 려 가 보 는 거 야 　　　힘 이 들 고 주 저

C'

| G | F#m7♭5 | B7 | Em7 | Dm | G7 |

앉 고 싶 을 땐 이 렇 게 - 　기 쁨 의 노 랠 불 - 러 씩 씩 하 - 게 　　　언 젠 가

| C | G | Am | D7 |

모 두 추 억 이 될 　오 늘 을 감 사 해 - 　　　기 억 해 - 힘 을 내 MY FRIEND　↓ G

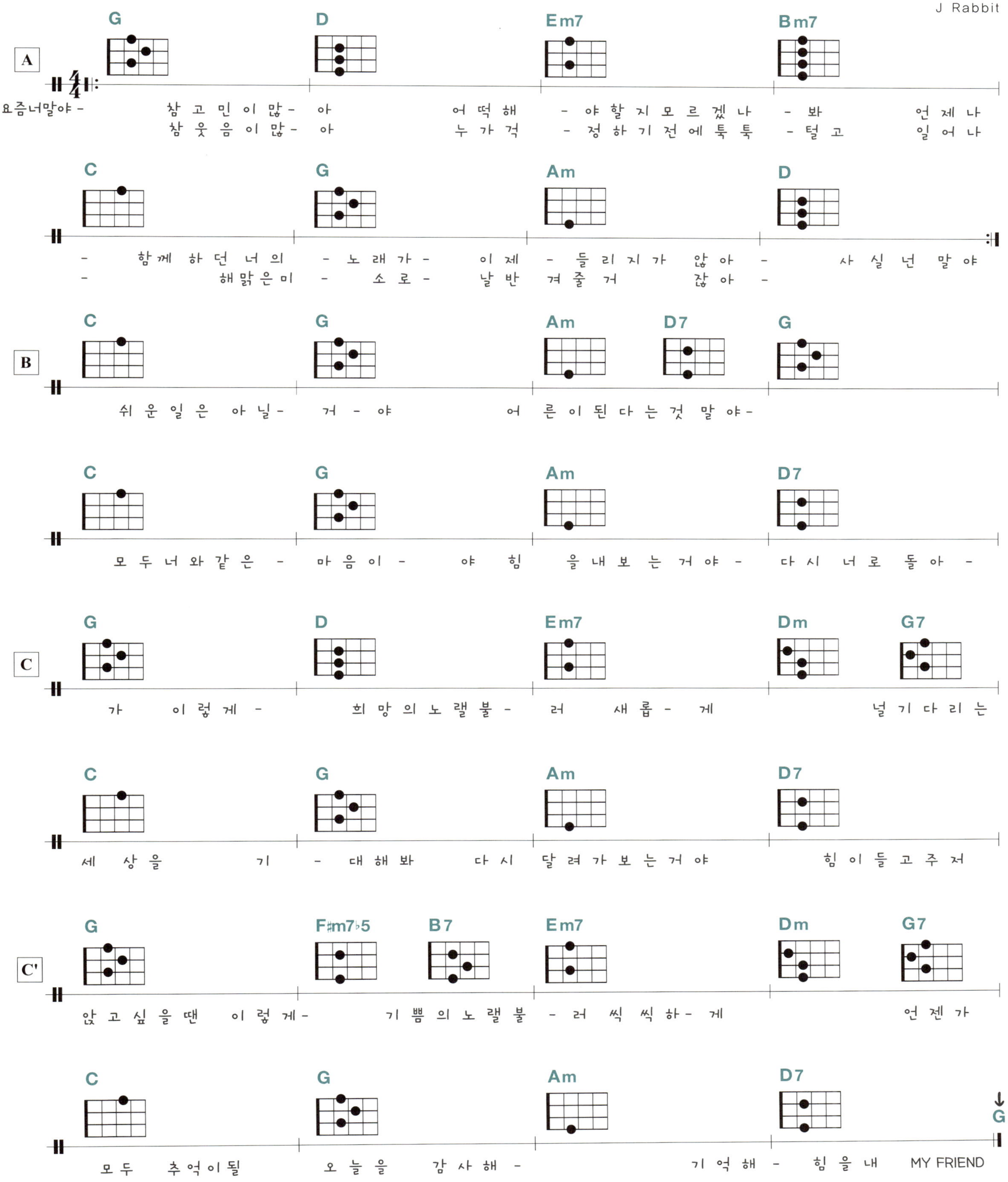

24 사랑한다는 말

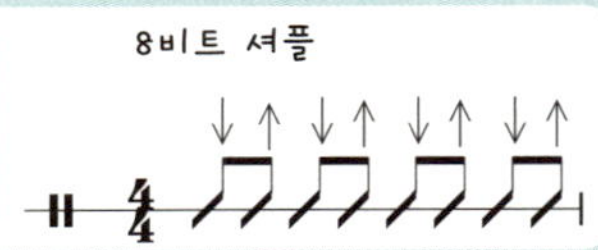

스탠딩 에그

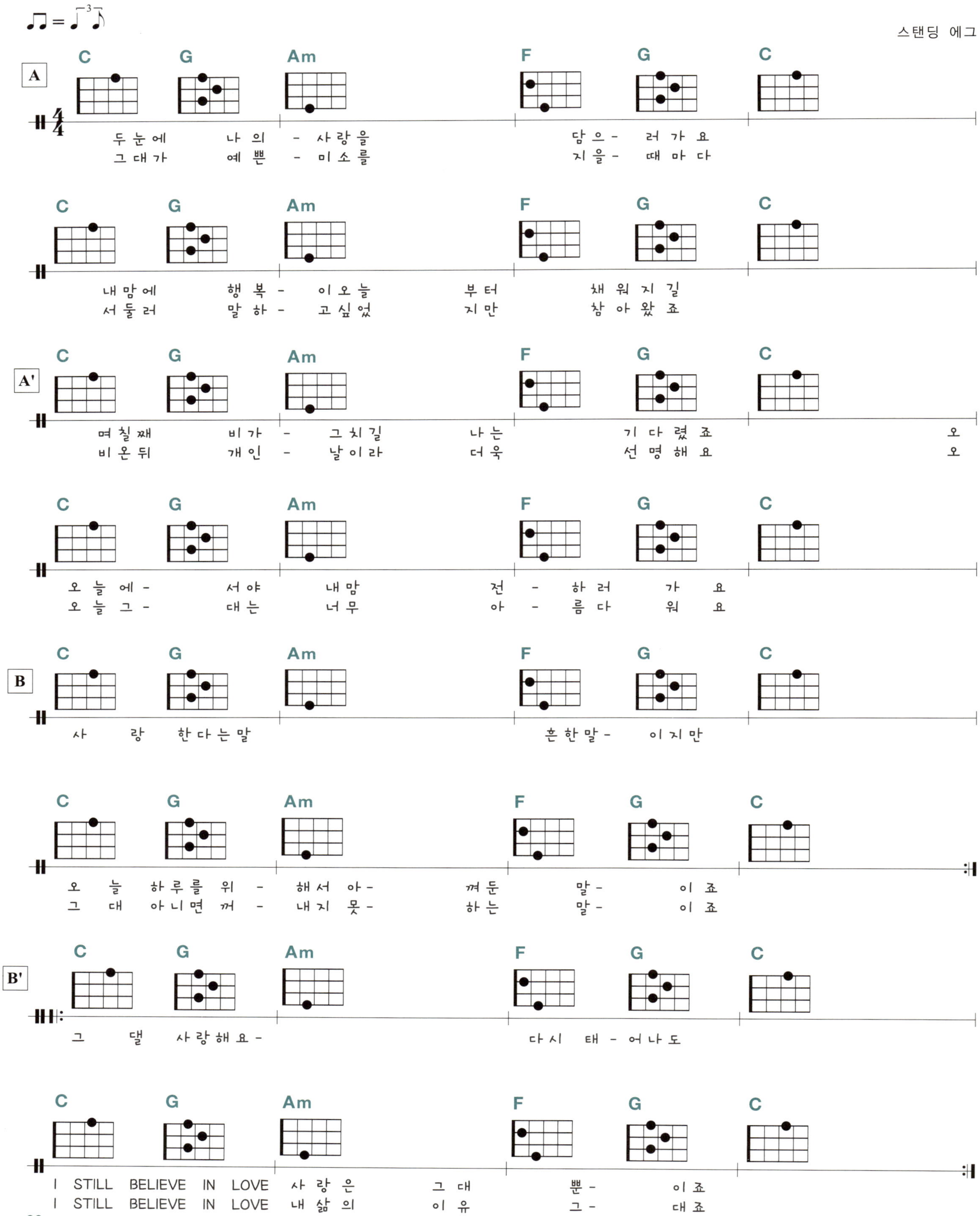

A

C	G	Am	F	G	C

두 눈에 나의 - 사랑을 담으- 러 가요
그 대가 예쁜 - 미소를 지을- 때마다

C	G	Am	F	G	C

내 맘에 행복- 이오늘 부터 채 워 지 길
서둘러 말하- 고싶었 지만 참 아 왔죠

A'

C	G	Am	F	G	C

며칠째 비가 - 그치길 나는 기 다 렸죠 오
비온뒤 개인 - 날이라 더욱 선 명 해요 오

C	G	Am	F	G	C

오 늘 에- 서야 내맘 전 - 하러 가 요
오 늘 그- 대는 너무 아 - 름 다 워 요

B

C	G	Am	F	G	C

사 랑 한 다 는 말 흔한말- 이지만

C	G	Am	F	G	C

오 늘 하루를위 - 해서아- 껴둔 말- 이죠
그 대 아니면꺼 - 내지못- 하는 말- 이죠

B'

C	G	Am	F	G	C

그 댈 사랑해요- 다시 태 - 어나도

C	G	Am	F	G	C

I STILL BELIEVE IN LOVE 사 랑은 그 대 뿐- 이죠
I STILL BELIEVE IN LOVE 내 삶의 이 유 그 - 대죠

 **25** L.O.V.E 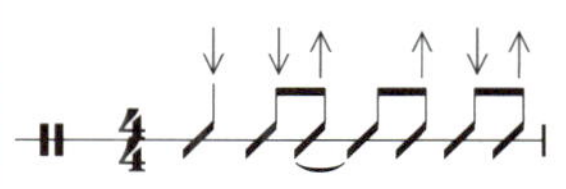

♫ = ♪³♪

A

G			D7	

L   IS FOR   THE   WAY   YOU   LOOK   AT   ME

D7			GM7	

O   IS FOR   THE   ON - LY   ONE   I   SEE

B

G7			CM7	

V   IS VERY -   VERY -   EXTRA - ORDI - NARY

A			D	

E   IS EVEN - MORE   THAN   ANYONE   THAT   YOU ADORE CAN

A'

G			D7	

LOVE.   IT'S ALL   THAT   I CAN   GIVE   TO   YOU

D7			GM7	

LOVE.   IS MORE   THAN   JUST   A   GAME   FOR   TWO

B'

G7			CM7	

TWO   IN LOVE   CAN   MAKE IT,   TAKE MY HEART   BUT   PLEASE DON'T BREAK IT

G		D7		G

LOVE WAS MADE   FOR   ME AND   YOU -

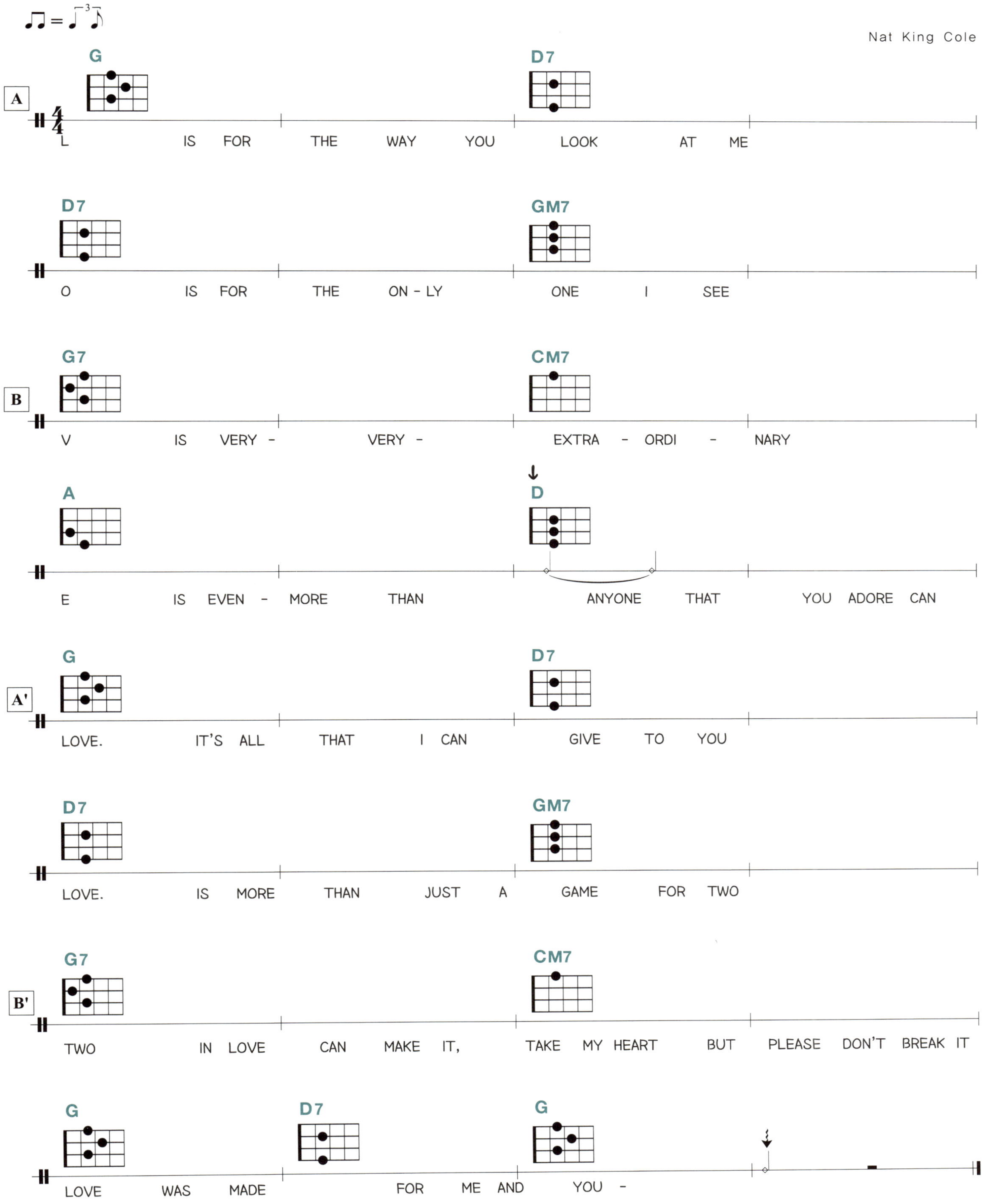

26 벚꽃 엔딩

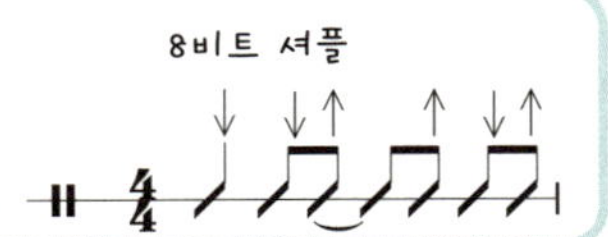

버스커버스커

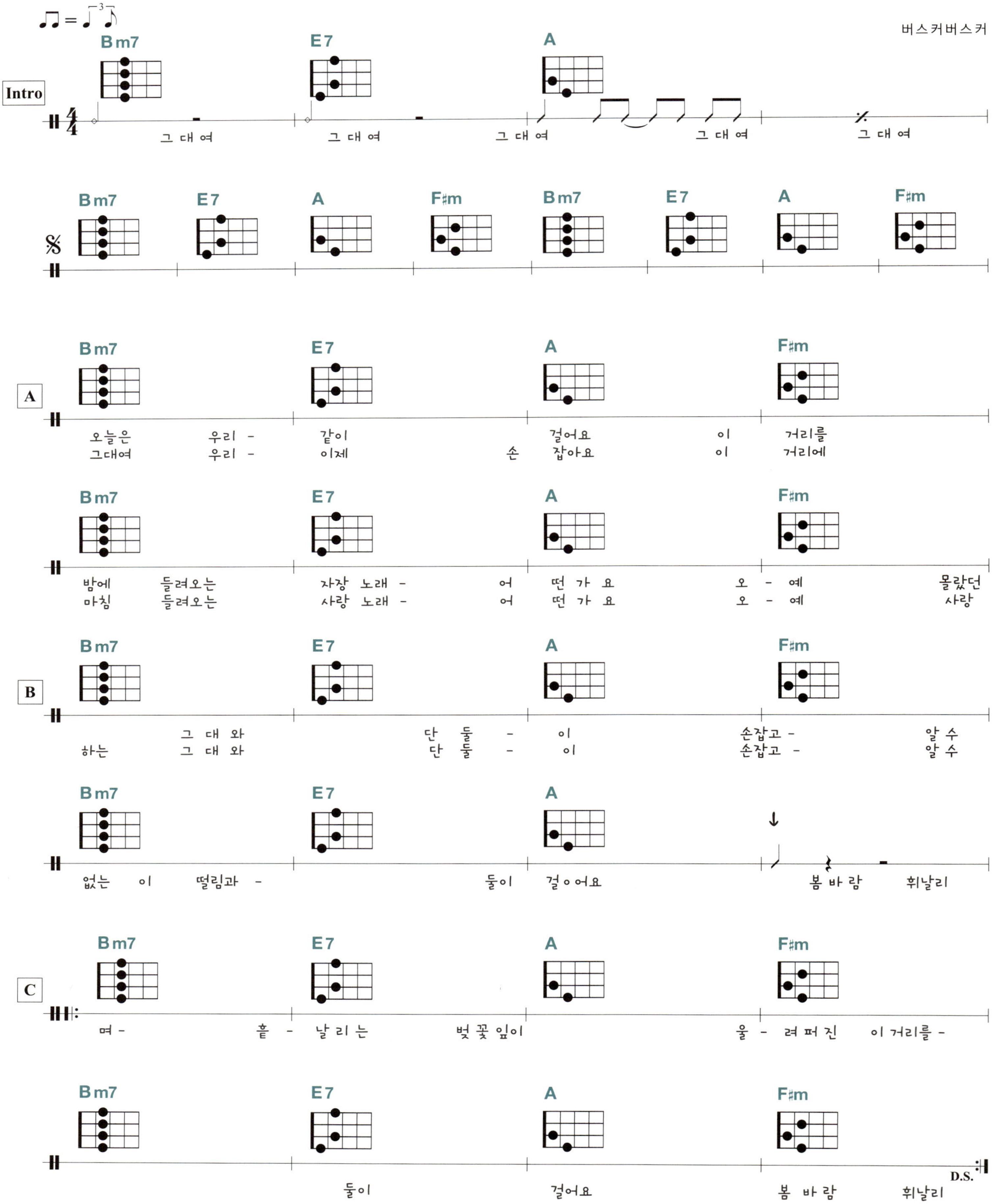

♪♪ = ♪♪♪ (3)

Intro

| Bm7 | E7 | A | | |
| 그 대 여 | 그 대 여 | 그 대 여 | 그 대 여 | 그 대 여 |

| Bm7 | E7 | A | F#m | Bm7 | E7 | A | F#m |

A

Bm7	E7	A	F#m
오늘은 우리 -	같이	걸어요 이 거리를
그대여 우리 -	이제	손 잡아요 이 거리에

Bm7	E7	A	F#m
밤에 들려오는	자장 노래 - 어 떤 가 요	오 - 예	몰랐던
마침 들려오는	사랑 노래 - 어 떤 가 요	오 - 예	사랑

B

Bm7	E7	A	F#m
그 대 와	단 둘 - 이	손잡고 -	알 수
하는 그 대 와	단 둘 - 이	손잡고 -	알 수

| Bm7 | E7 | A | |
| 없는 이 떨림과 - | | 둘이 걸어요 | 봄 바 람 휘날리 |

C

| Bm7 | E7 | A | F#m |
| 며 - | 흩 - 날 리 는 | 벚꽃 잎이 | 울 - 려 퍼 진 이 거리를 - |

| Bm7 | E7 | A | F#m |
| | 둘이 | 걸어요 | 봄 바 람 휘날리 |

D.S.

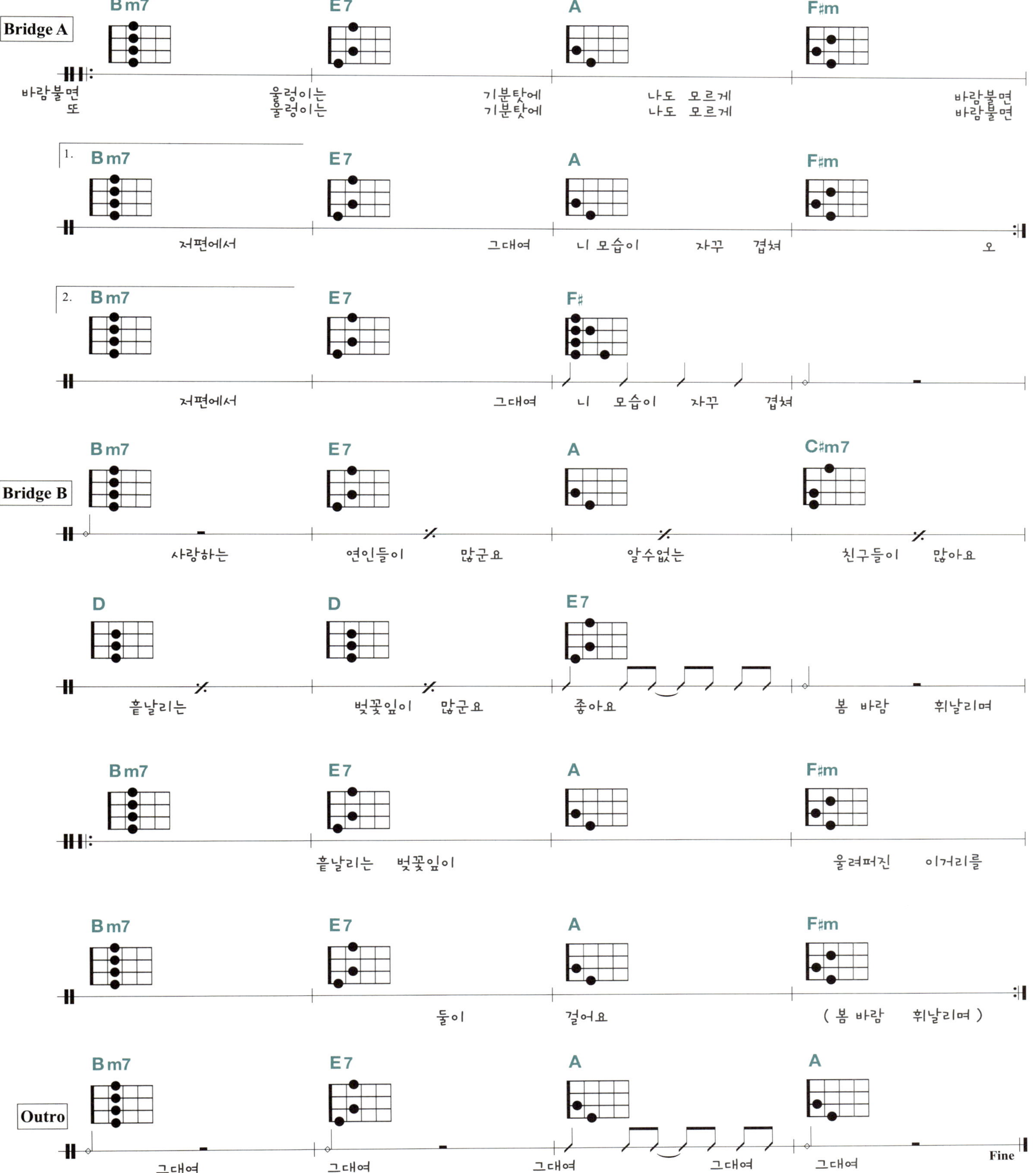

Bridge A
Bm7   E7   A   F#m
바람불면   울렁이는   기분탓에   나도 모르게   바람불면
또   울렁이는   기분탓에   나도 모르게   바람불면

1.
Bm7   E7   A   F#m
저편에서   그대여   니 모습이   자꾸   겹쳐   오

2.
Bm7   E7   F#
저편에서   그대여   니   모습이   자꾸   겹쳐

Bridge B
Bm7   E7   A   C#m7
사랑하는   연인들이   많군요   알수없는   친구들이   많아요

D   D   E7
흩날리는   벚꽃잎이   많군요   좋아요   봄 바람   휘날리며

Bm7   E7   A   F#m
흩날리는 벚꽃잎이   울려퍼진   이거리를

Bm7   E7   A   F#m
둘이   걸어요   (봄 바람   휘날리며)

Outro
Bm7   E7   A   A
그대여   그대여   그대여   그대여   그대여   Fine

27 오 마이 러브

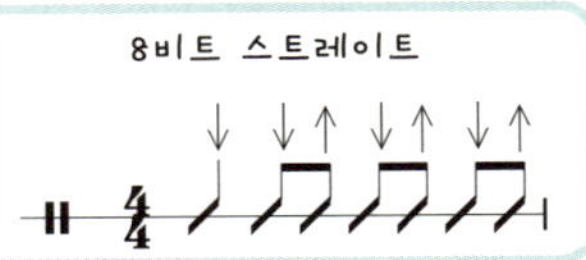

8비트 스트레이트

S.E.S

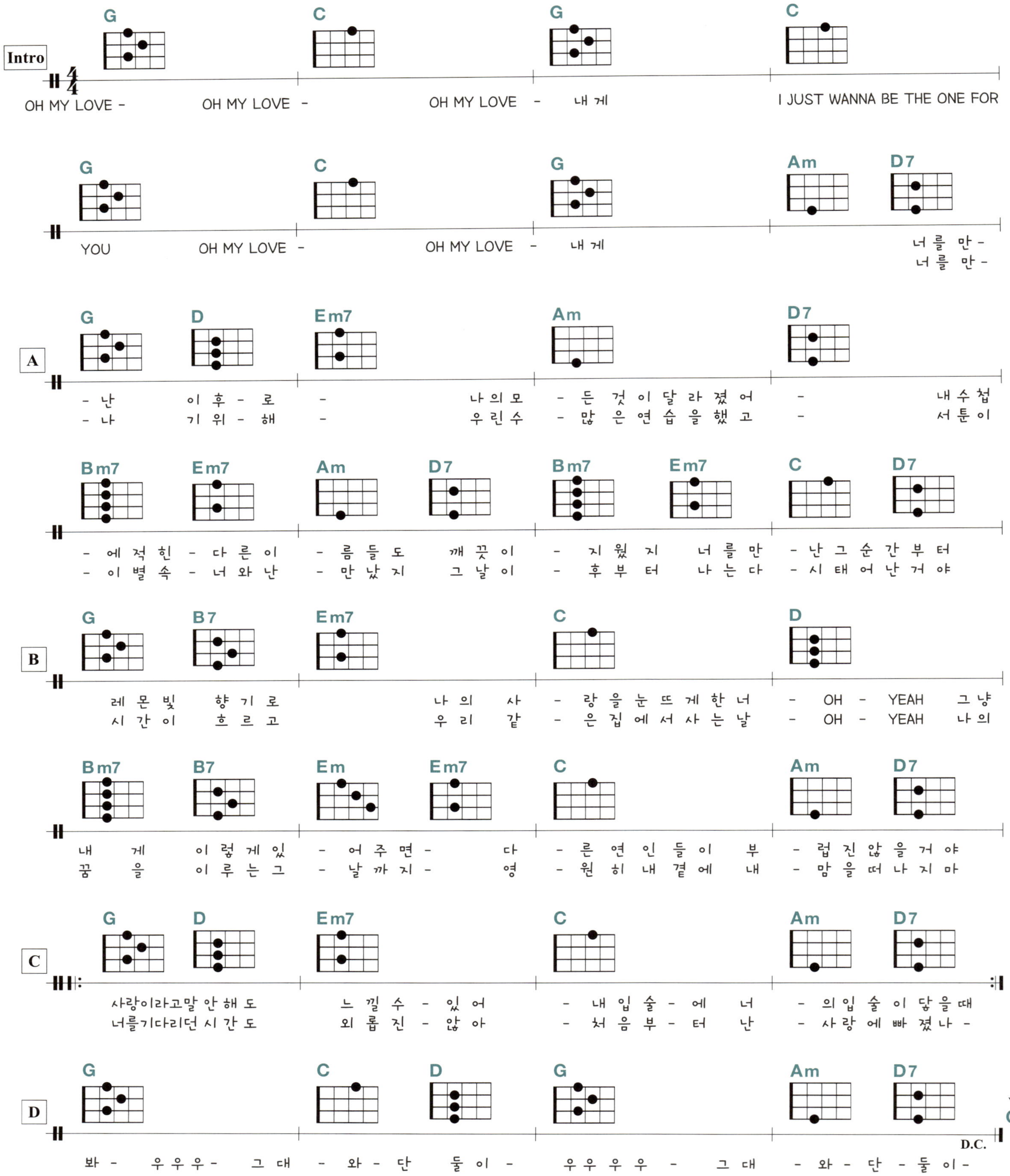
Intro
G C G C
OH MY LOVE - OH MY LOVE - OH MY LOVE - 내 게 I JUST WANNA BE THE ONE FOR
G C G Am D7
YOU OH MY LOVE - OH MY LOVE - 내 게 너 를 만 -
너 를 만 -
A
G D Em7 Am D7
- 난 이 후 - 로 - 나 의 모 - 든 것 이 달 라 졌 어 - 내 수 첩
- 나 기 위 - 해 - 우 린 수 - 많 은 연 습 을 했 고 - 서 툰 이
Bm7 Em7 Am D7 Bm7 Em7 C D7
- 에 적 힌 - 다 른 이 - 름 들 도 깨 끗 이 - 지 웠 지 너 를 만 - 난 그 순 간 부 터
- 이 별 속 - 너 와 난 - 만 났 지 그 날 이 - 후 부 터 나 는 다 - 시 태 어 난 거 야
B
G B7 Em7 C D
레 몬 빛 향 기 로 나 의 사 - 랑 을 눈 뜨 게 한 너 - OH - YEAH 그 냥
시 간 이 흐 르 고 우 리 같 - 은 집 에 서 사 는 날 - OH - YEAH 나 의
Bm7 B7 Em Em7 C Am D7
내 게 이 렇 게 있 - 어 주 면 - 다 - 른 연 인 들 이 부 - 럽 진 않 을 거 야
꿈 을 이 루 는 그 - 날 까 지 - 영 - 원 히 내 곁 에 내 - 맘 을 떠 나 지 마
C
G D Em7 C Am D7
사랑이라고말 안 해 도 느 낄 수 - 있 어 - 내 입 술 - 에 너 - 의 입 술 이 닿 을 때
너를기다리던 시 간 도 외 롭 진 - 않 아 - 처 음 부 - 터 난 - 사 랑 에 빠 졌 나 -
D
G C D G Am D7 G
봐 - 우 우 우 - 그 대 - 와 - 단 둘 이 - 우 우 우 우 - 그 대 - 와 - 단 - 둘 이 -
D.C.

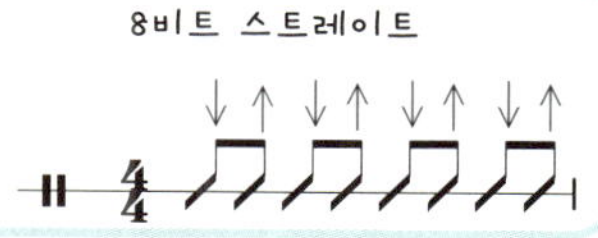

28 귀요미 송

하리(Hari)

A

| C | G | G7 | C |

초코 머 핀 한조각 시 켜 놓고　　　고소 한 우유 한잔을 기다　　려요_　　　　오 빠

| F | G7 | Em7 | Am | Dm | G7 |

하 고 나 하고 꼭　　마 - 주앉아 서　서 로 손 바 닥 위 에　예쁜　낙 서 를 하죠

B

| C | G | G7 | C |

한 눈 팔 지 마 누 가 뭐래도 내 꺼　　내 꺼 다른 여자랑 말도 섞지마 난　네 꺼 난 네꺼 새 끼

| F | G7 | Em7 | Am | Dm | G7 | C | G7 |

손 가 락 걸 고　꼭 약 - 속 해줘요 절대 나 혼 자 내 버 려두 지 않기 로　　YEAH - !

C

| C | Am | Dm | G7 | C | Am | Gm | C7 |

일 더 하 기 일 은 귀 요 미　이 더 하 기 이 는 귀 요 미　삼 더 하 기 삼 은 귀 요 미 귀귀　귀 요 미 귀 귀　귀 요 미

| F | D7 | C | Am | D7 | G7 |

사 더 하 기 사 도 귀 요 미　오 더 하 기 오 도 귀 요 미　육 더 하 기 육 은　　귀 요 미 (난) 귀 요 미

B'

| C | G | G7 | C |

한 눈 팔 지 마 누 가 뭐래도 내 꺼　　내 꺼 다른 여자랑 말도 섞지마 난　네 꺼 난 네꺼 새 끼

| F | G7 | Em7 | Am | Dm | G7 | C |

손 가 락 걸 고　꼭 약 - 속 해줘요 절대 나 혼 자 내 버 려두 지 않기 로

29 남쪽 끝 섬

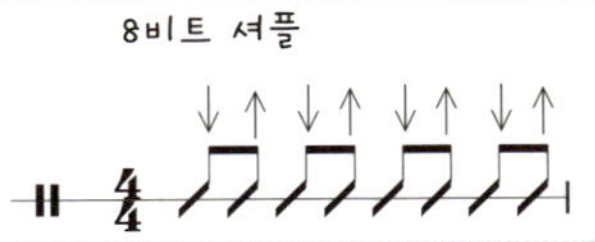

8비트 셔플

하찌와 TJ

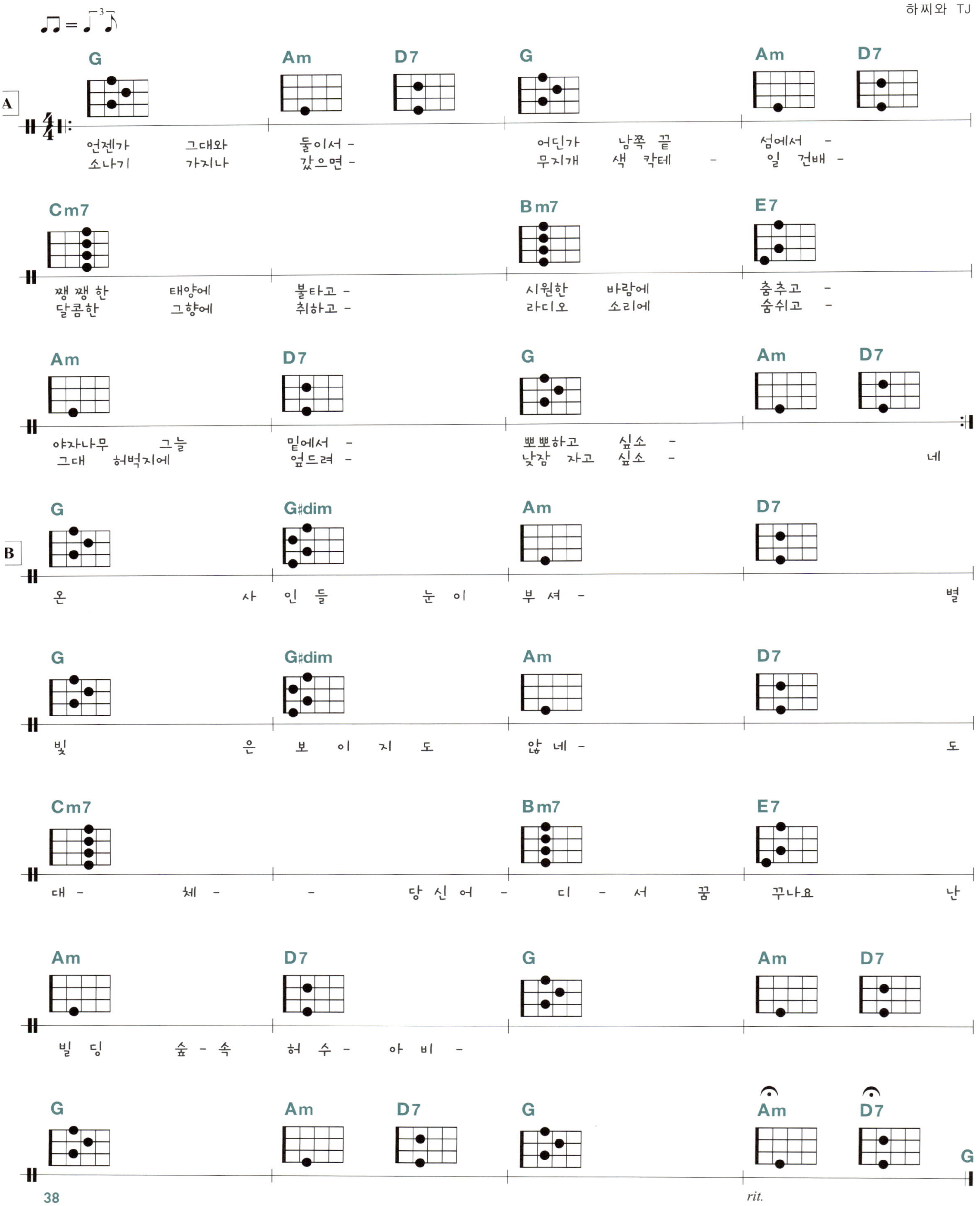

A
G Am D7 G Am D7
언젠가 그대와 둘이서 - 어딘가 남쪽 끝 섬에서 -
소나기 가지나 갔으면 - 무지개 색 칵테 - 일 건배 -
Cm7 Bm7 E7
쨍 쨍 한 태양에 불타고 - 시원한 바람에 춤추고 -
달콤한 그향에 취하고 - 라디오 소리에 춤쉬고 -
Am D7 G Am D7
야자나무 그늘 밑에서 - 뽀뽀하고 싶소 -
그대 허벅지에 엎드려 - 낮잠 자고 싶소 - 네
B
G G♯dim Am D7
온 사 인 들 눈 이 부 셔 - 별
G G♯dim Am D7
빛 은 보 이 지 도 않 네 - 도
Cm7 Bm7 E7
대 - 체 - - 당 신 어 - 디 - 서 꿈 꾸나요 난
Am D7 G Am D7
빌 딩 숲 - 속 허 수 - 아 비 -
G Am D7 G Am D7 G
rit.

30 마법의 성

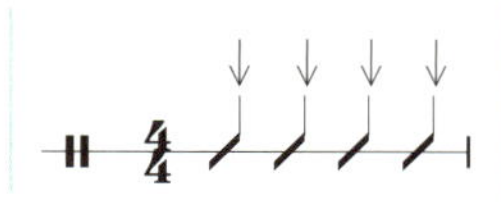

더 클래식(김광진)

A

D   G   D   G   D   Am   D7

믿을 수- 있나요 나의 꿈- 속 에 서 너는 마 법 에 빠 진 공 주 란걸   언제

G   A   F#m   Bm7   Em   C   A7

나- 너를 향 한 몸짓에 수많은 어려움 - 뿐이지만 -   그 러

B

D   G   D   G   D   Am   D7

나- 언제 나 굳은 다짐뿐-이죠 다 시 너를 구 하 고 말 거 라 고-   두 손

G   A   F#m   Bm7   Em   Asus4   D

을- 모 아 기 도 했 죠 끝없는 용- 기 와 지 혜 달 라 고-   마법의

C

C7   D   A   Bm7   Em7   A

성을지나 늪을건- 너 어둠 의동굴속멀리그 - 대 가 보 - 여 이제

C7   D   A   Bm7   Em7   A

나 의손을 잡 아 보아요 우 리 의 몸 이 떠 오 르 는 것 을 느끼죠- 자유롭

D

G   F#m   Bm7   Em7   A7   D

게- 저하-늘 - 을 날아가 도 놀 라 지 말 아 요   우 리 앞

G   F#m   Bm7   Em7   A7   D

에 펼쳐진 세 상 이 너무나 소 중 해 함 께- 라 - 면

코드 연습시간

다음과 같은 순서로 코드를 연습해 보세요

Am

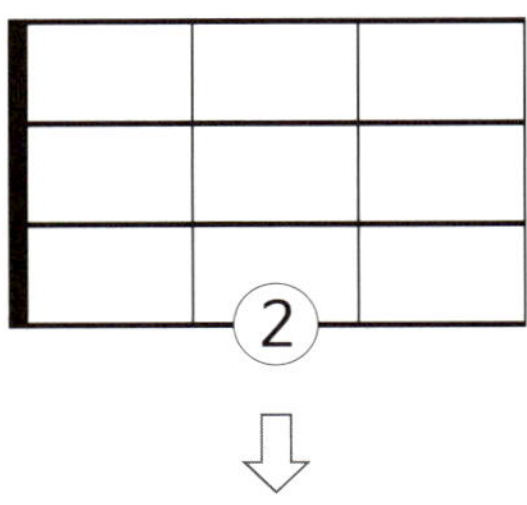

D7

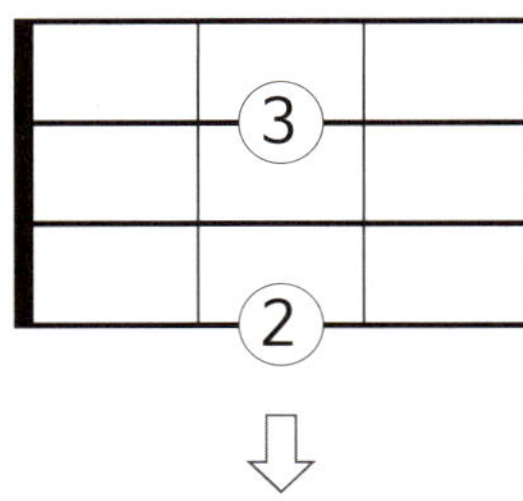

밑에 밑에!

Em7

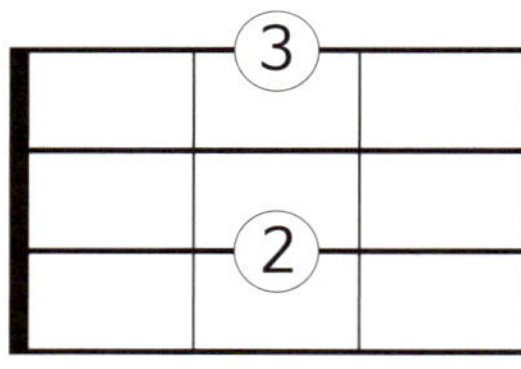

그 모양 그대로 이동

Em

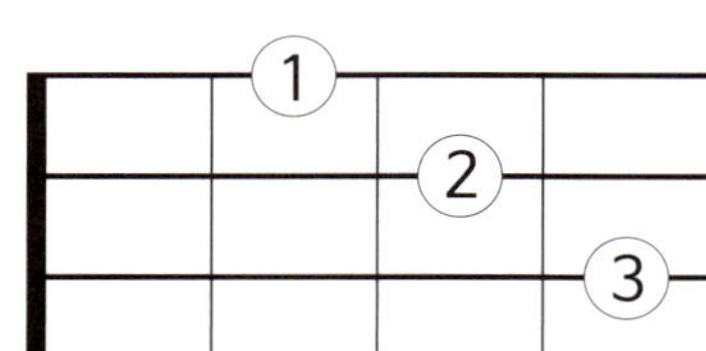

'계단모양' 이라고 기억하세요!

G

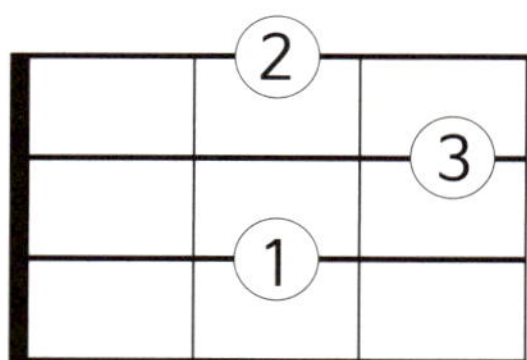

손가락 번호에 유의하세요

10개 돌파!

	메이저	마이너	도미넌트 세븐
	A (○)	Am (○)	A7 (○)
	B	Bm	B7
	C (○)	Cm	C7 (○)
	D (○)	Dm	D7 (○)
	E	Em (○)	E7 (○)
	F (○)	Fm	F7
Em7 (○)	G (○)	Gm	G7 (○)

31 제주도의 푸른밤

8비트 스트레이트

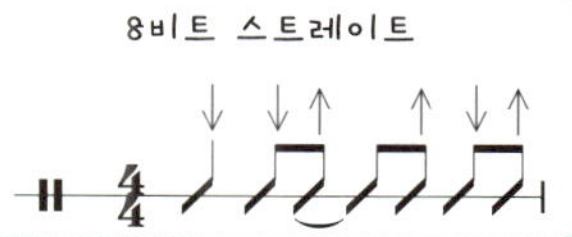

최성원

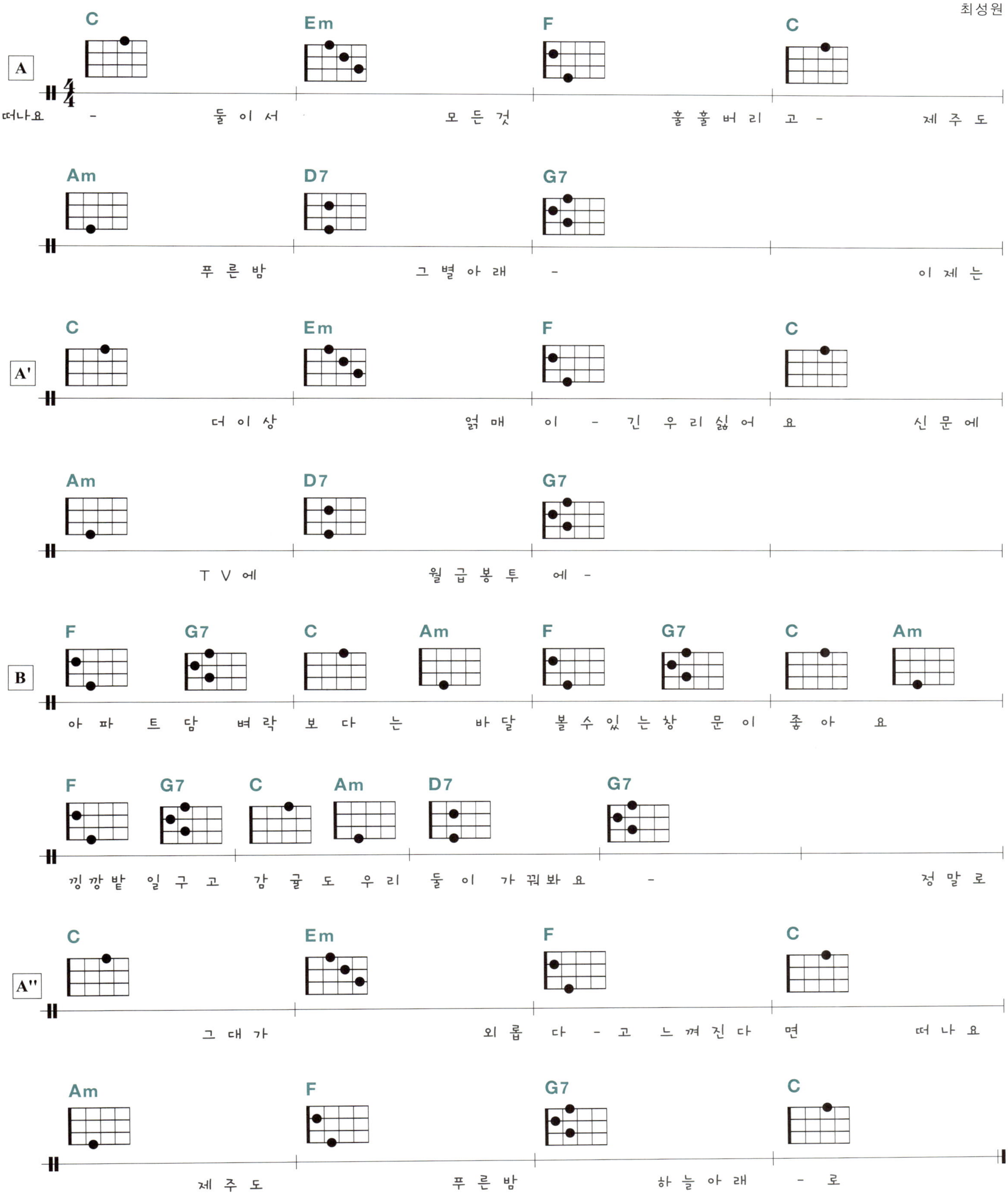

A
C Em F C
떠나요 - 둘이서 모든 것 훌훌 버리고 - 제주도
Am D7 G7
푸른 밤 그 별 아래 - 이제는
A'
C Em F C
더 이상 얽매이 - 긴 우리 싫어요 신문에
Am D7 G7
T V 에 월급봉투 에 -
B
F G7 C Am F G7 C Am
아파트 담벼락 보다는 바달 볼 수 있는 창문이 좋아요
F G7 C Am D7 G7
낑깡밭 일구고 감귤도 우리 둘이 가꿔봐요 - 정말로
A''
C Em F C
그대가 외롭다 - 고 느껴진다면 떠나요
Am F G7 C
제주도 푸른 밤 하늘 아래 - 로

32 연가

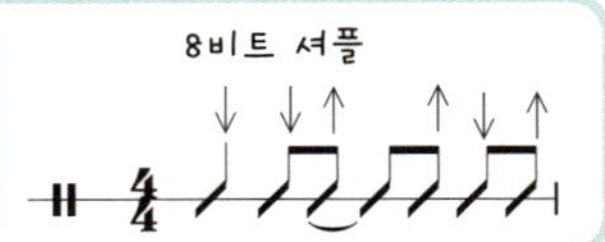

뉴질랜드 민요

♩ = ♩♪ (3)

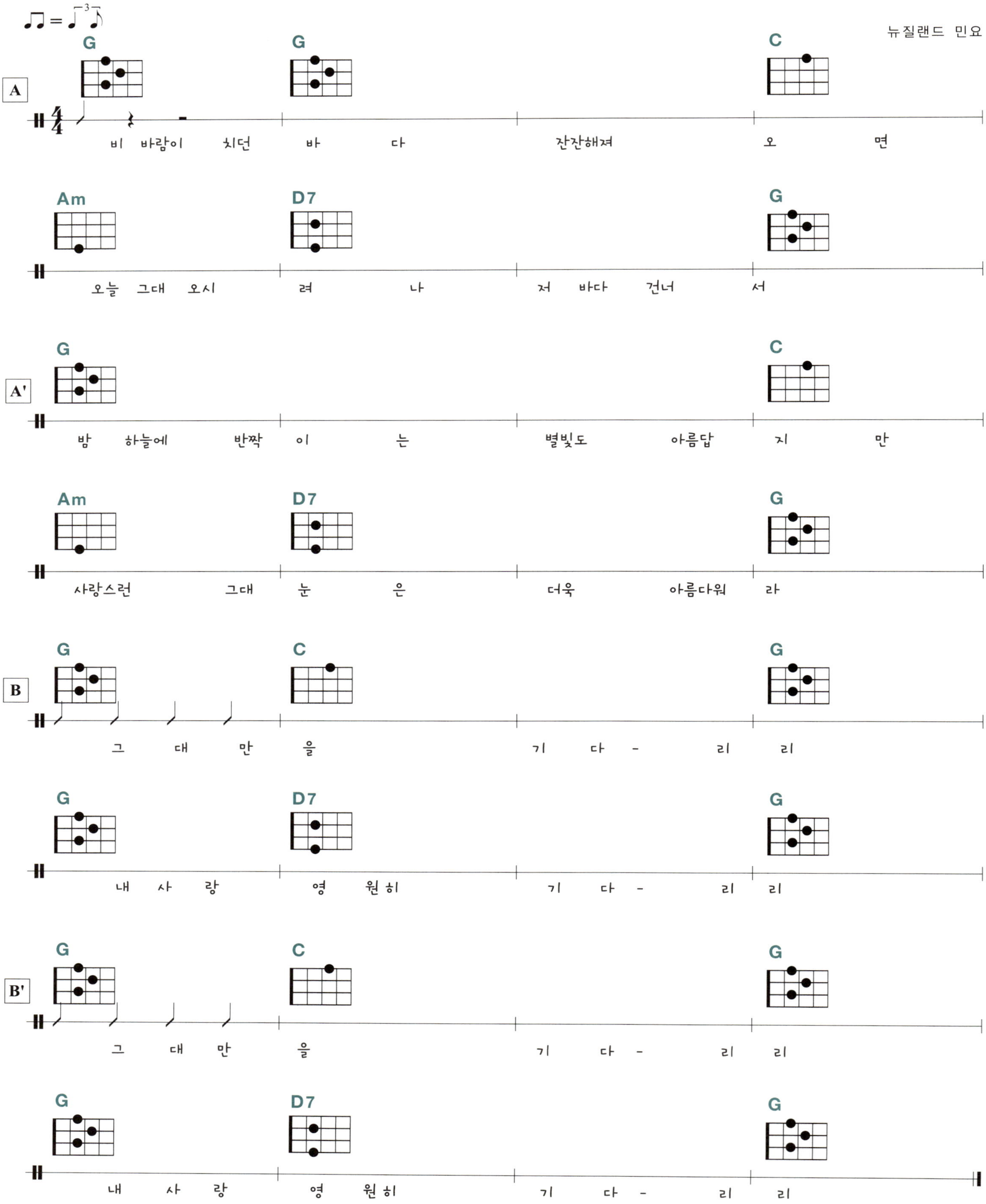

A

G	G		C
비 바람이 치던	바 다	잔잔해져	오 면

Am	D7		G
오늘 그대 오시	려 나	저 바다 건너	서

A'

G			C
밤 하늘에 반짝 이 는	별빛도	아름답	지 만

Am	D7		G
사랑스런 그대 눈 은	더욱	아름다워	라

B

G	C		G
그 대 만 을	기 다 - 리	리	

G	D7		G
내 사 랑 영 원히	기 다 - 리	리	

B'

G	C		G
그 대 만 을	기 다 - 리	리	

G	D7		G
내 사 랑 영 원히	기 다 - 리	리	

33 사랑은 은하수 다방에서

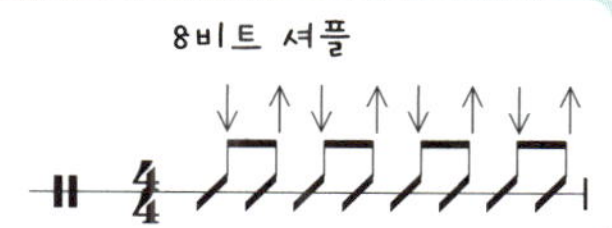

♩ = ♪♪ (3)

10cm

A
| C | D | G | Em | C | D | G | Em |
사랑은　　　　은 하수 다방 문앞에서　　만나 -　　　　홍 차와　냉커피를　　마

| C | D | G | Em | C | D | G | Em |
시며　　　　매 일 듣는 노래를　또 듣 다가　　온다네 -　　　　　　그대

A'
| C | D | G | Em | C | D | G | Em |
는　　　　물에 젖지 않은 성냥개비　같아 -　　　아 무리 싫은 표정지

| C | D | G | Em | C | D | G |
어도　　　불 타는 그 마음을 감출　수가　　없다네 -

B
| Am | D | G | Em |
그 대　　　나에게 무슨 말이라도　해주오 -

| Am | D | G | Em |
나는　　　찻잔에 무지개를 띄워주리 -　　　　　　하

C
| C | D | G | Em | C | D | G | Em |
루도　이틀도　사 흘도　배겨 낼 수가　없네　못 살고　못 죽고　그대 없는

| C | D | G | Em | C | D | G | Em |
홍대　상수동　신촌　이대　이태원 걸 어다닐 수도　없지

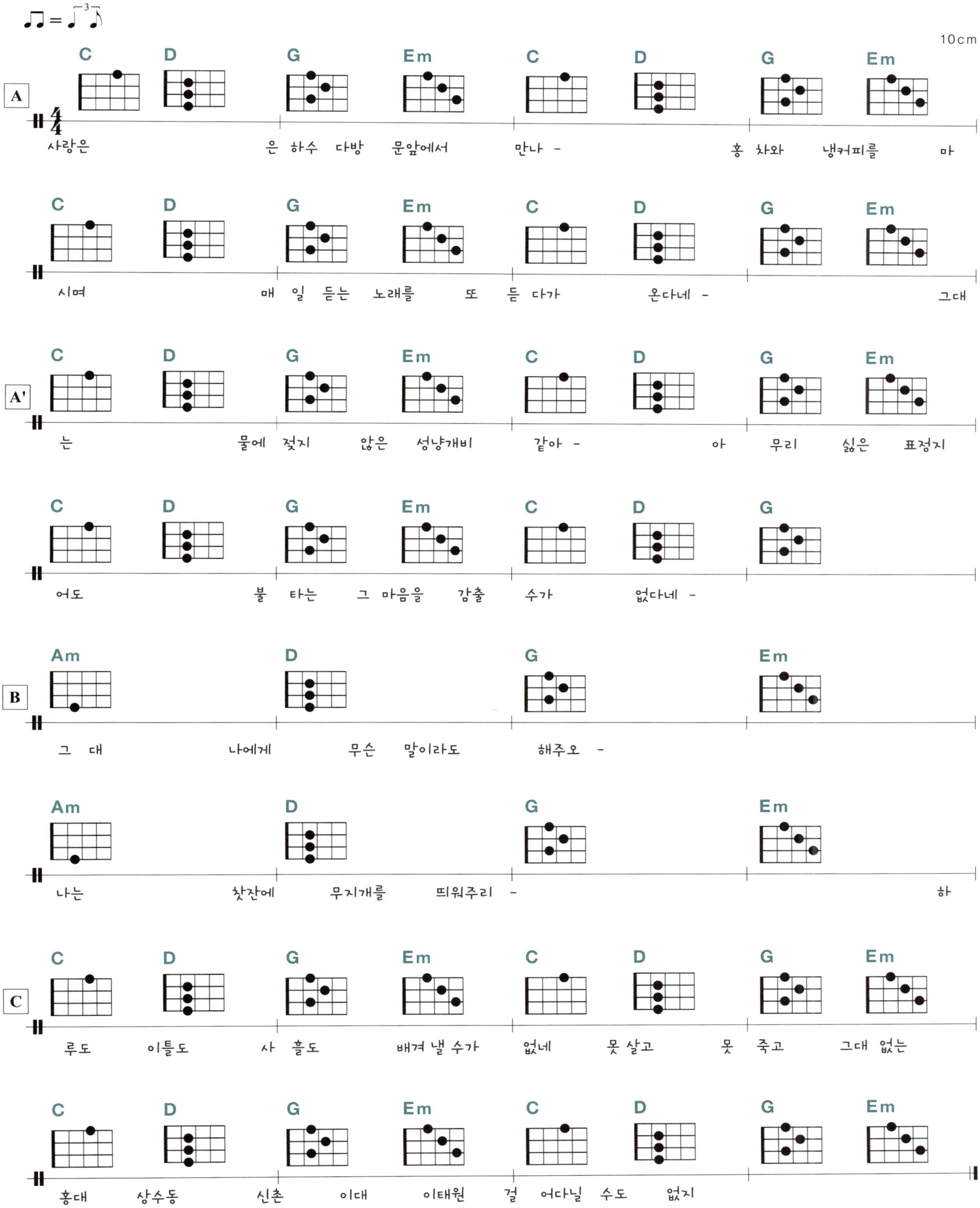

34 FALLING SLOWLY

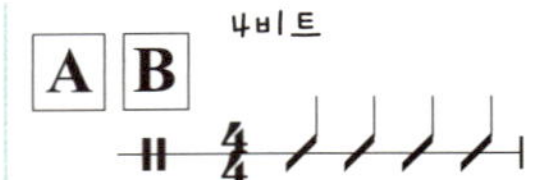

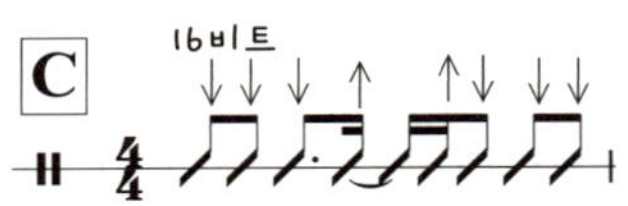

Once O.S.T

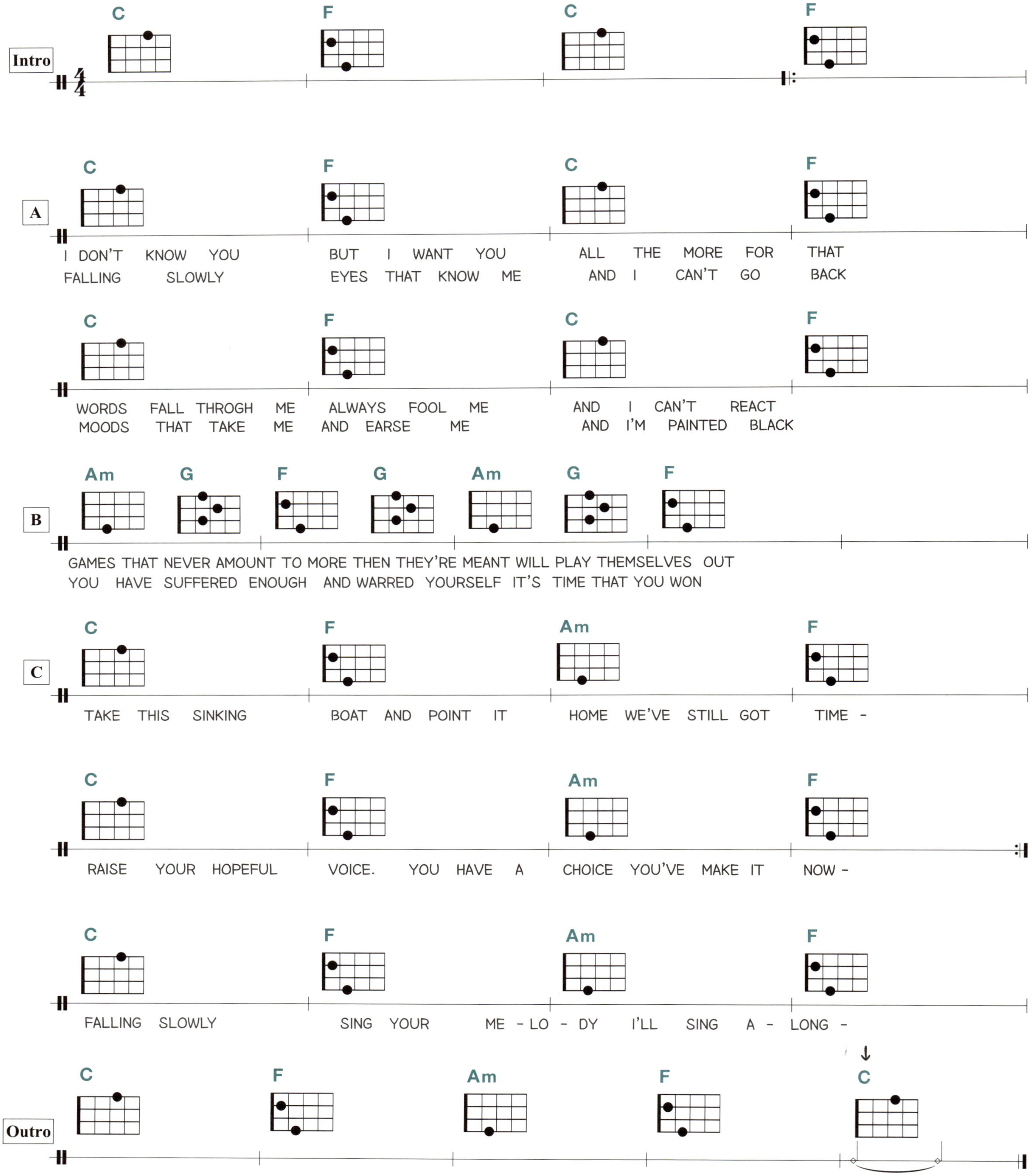

Intro

| C | F | C | F |

A

| C | F | C | F |

I DON'T KNOW YOU — BUT I WANT YOU — ALL THE MORE FOR — THAT
FALLING SLOWLY — EYES THAT KNOW ME — AND I CAN'T GO — THAT BACK

| C | F | C | F |

WORDS FALL THROGH ME — ALWAYS FOOL ME — AND I CAN'T REACT
MOODS THAT TAKE ME — AND EARSE ME — AND I'M PAINTED BLACK

B

| Am | G | F | G | Am | G | F |

GAMES THAT NEVER AMOUNT TO MORE THEN THEY'RE MEANT WILL PLAY THEMSELVES OUT
YOU HAVE SUFFERED ENOUGH AND WARRED YOURSELF IT'S TIME THAT YOU WON

C

| C | F | Am | F |

TAKE THIS SINKING — BOAT AND POINT IT — HOME WE'VE STILL GOT — TIME -

| C | F | Am | F |

RAISE YOUR HOPEFUL — VOICE. YOU HAVE A — CHOICE YOU'VE MAKE IT — NOW -

| C | F | Am | F |

FALLING SLOWLY — SING YOUR — ME - LO - DY I'LL SING A - LONG -

Outro

| C | F | Am | F | C |

35 신부에게

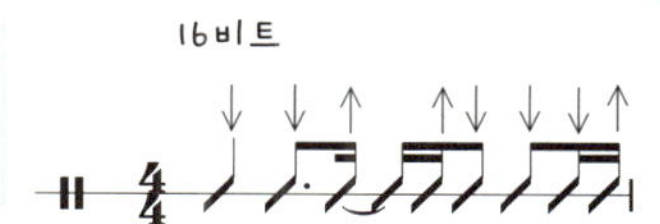

유리상자

Intro

G C D G C D D7

새 하얀

A

G C D G B7 Em7

드 레 스 수 줍은 발걸 음 꿈 꾸는 설 레 임 나

C Cm G Em7 C A7 D7

만 을 믿 고 내 곁에 서 – 소중한 그 – 대 차가운

A'

G C D G B7 Em7

시 선 이 우 리 막아 설 – 때 슬 퍼 도 했 – 지 – 만 어느
아 침 – 도 오 후의 향 기 – 도 까 만 밤 하 – 늘 – 도 내

C Cm G Em7 C D G D7

새 그 댄 – 사랑 으 – 로 날 – 감 싸 주었죠 – 그 대
곁 에 있 는 – 그 대 로 인 해 – 아름다울 수 있죠 – 세 상

B

G C D G Em7 A7 Am D7

도 나 도 아 – 닌 다 른 이 유 로 – 아파 해야 했 던 – 날 참 아 준 그대 약속
모 든 기 쁨 – 과 슬 픔 – 또 사 랑 – 함께 나눌 사람 – 을 난 찾 은 거죠 약속

G B7 Em7 A Am D7 G

할게요 더 – 이 상의 – 눈 물은 – 없 을 거 란 걸 눈 부신
할게요 더 – 이 상의 – 외로움 – 없 을 거 란 걸

Outro

G C D G C D D7

G

36 매일 그대와

들국화

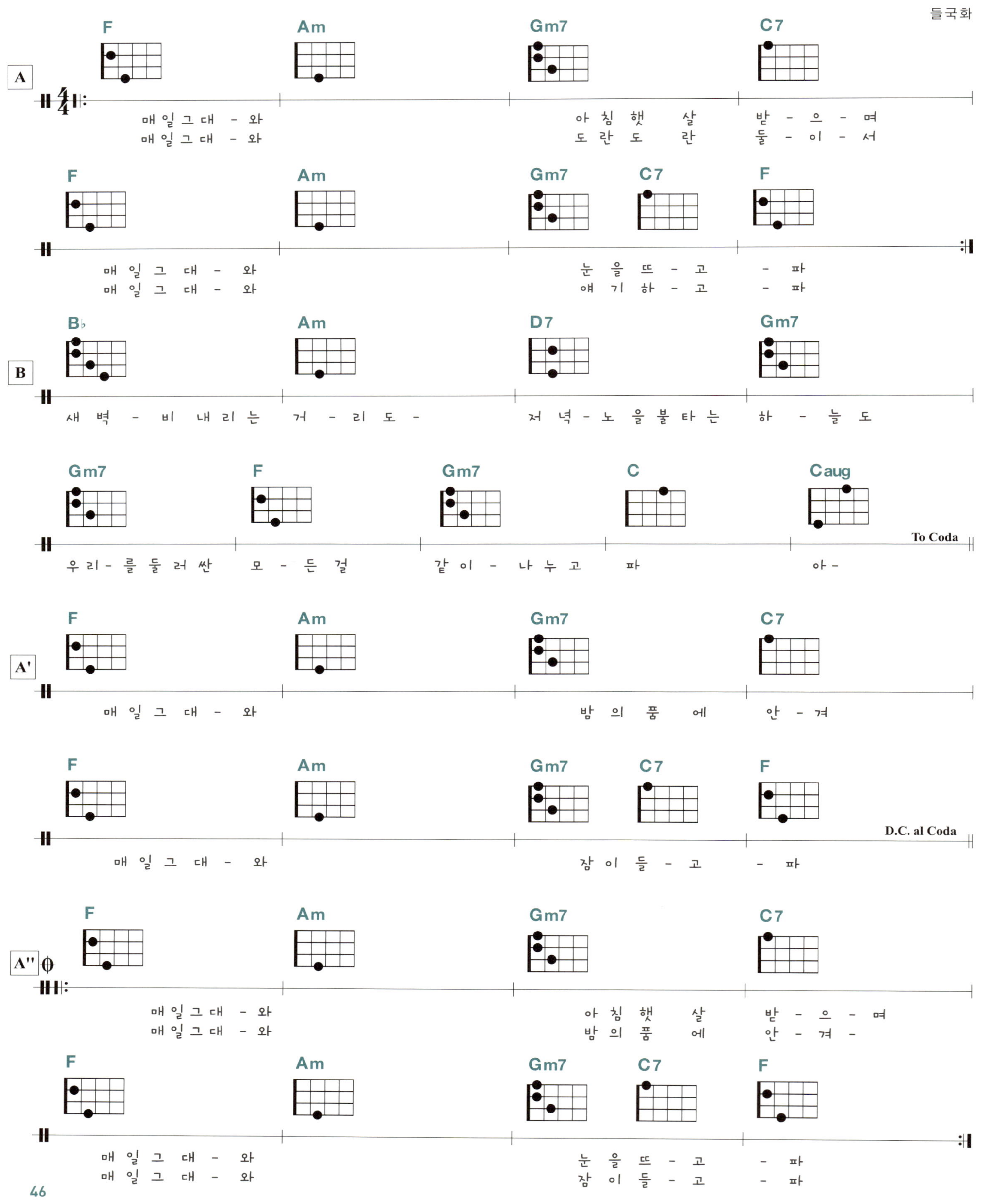
A
F   Am   Gm7   C7
매일그대 - 와   아침햇살   받 - 으 - 며
매일그대 - 와   도란도 란   둘 - 이 - 서

F   Am   Gm7   C7   F
매일그 대 - 와   눈을뜨 - 고   - 파
매일그 대 - 와   얘기하 - 고   - 파

B
B♭   Am   D7   Gm7
새벽 - 비 내리는 거 - 리도 -   저녁 - 노을불타는 하 - 늘도

Gm7   F   Gm7   C   Caug
우리 - 를둘러싼 모 - 든걸   같이 - 나누고 파   아 -
To Coda

A'
F   Am   Gm7   C7
매일그 대 - 와   밤의품 에   안 - 겨

F   Am   Gm7   C7   F
매일그 대 - 와   잠이들 - 고   - 파
D.C. al Coda

A''
F   Am   Gm7   C7
매일그대 - 와   아침햇 살   받 - 으 - 며
매일그대 - 와   밤의품 에   안 - 겨 -

F   Am   Gm7   C7   F
매일그 대 - 와   눈을뜨 - 고   - 파
매일그 대 - 와   잠이들 - 고   - 파

37 꿈에선 놀아줘

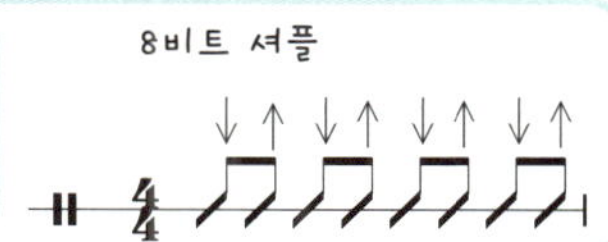

8비트 셔플

루싸이트 토끼

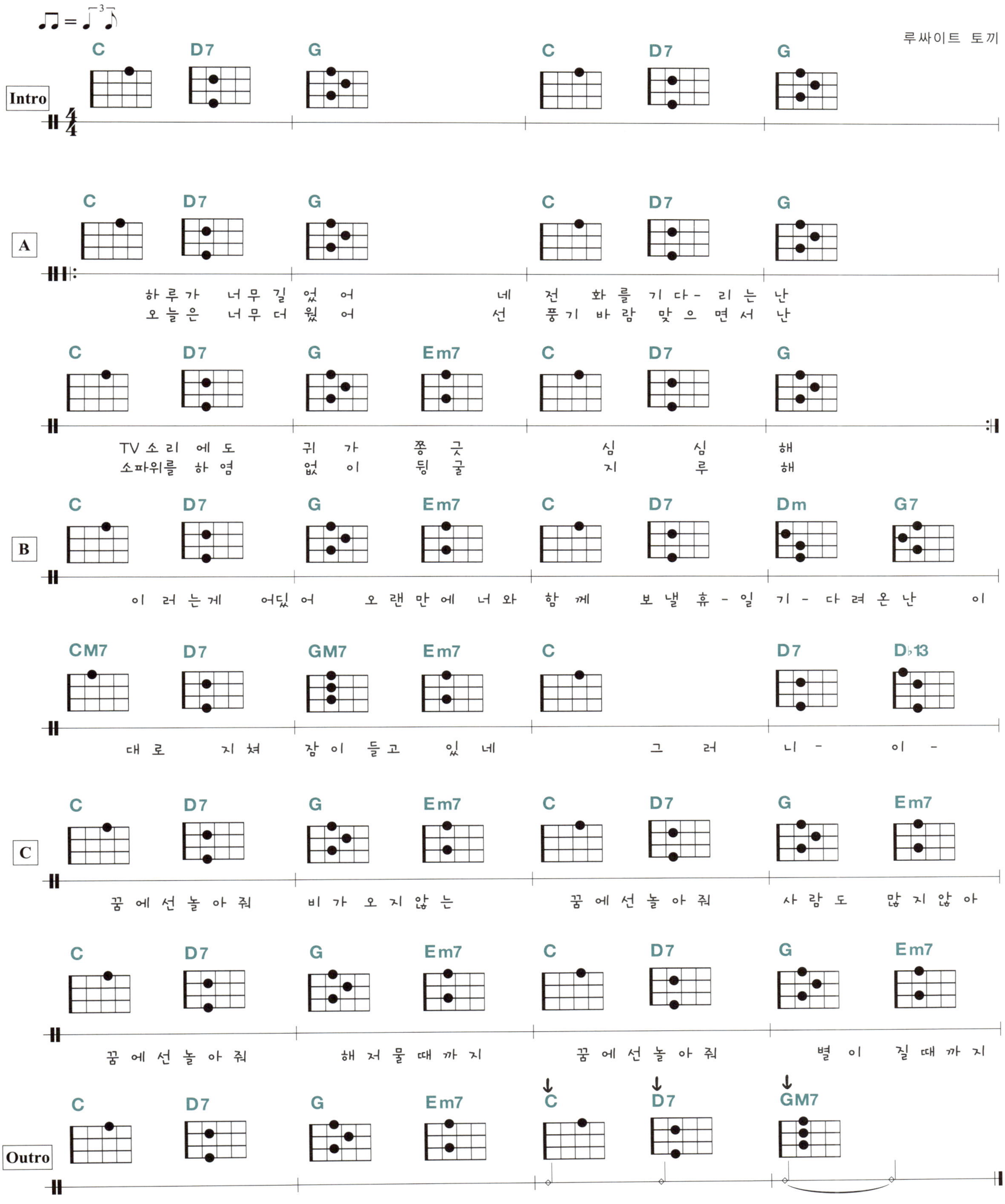
Intro
C D7 G C D7 G
A
C D7 G C D7 G
하루가 너무 길었어 네 전화를 기다리는 난
오늘은 너무 더웠어 선풍기 바람 맞으면서 난
C D7 G Em7 C D7 G
TV 소리에도 귀가 쫑긋 심심해
소파위를 하염없이 뒹굴 지루해
B
C D7 G Em7 C D7 Dm G7
이러는게 어딨어 오랜만에 너와 함께 보낼 휴-일 기-다려온 난 이
CM7 D7 GM7 Em7 C D7 D♭13
대로 지쳐 잠이 들고 있네 그러니- 이-
C
C D7 G Em7 C D7 G Em7
꿈에선 놀아줘 비가 오지 않는 꿈에선 놀아줘 사람도 많지 않아
C D7 G Em7 C D7 G Em7
꿈에선 놀아줘 해 저물 때까지 꿈에선 놀아줘 별이 질 때까지
Outro
C D7 G Em7 C D7 GM7

 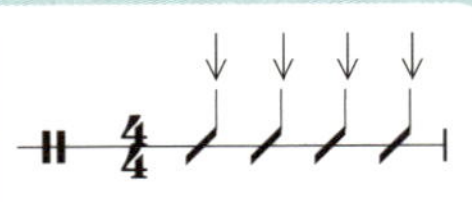

38 가끔 미치도록 네가 안고 싶을 때가 있어

가을방학

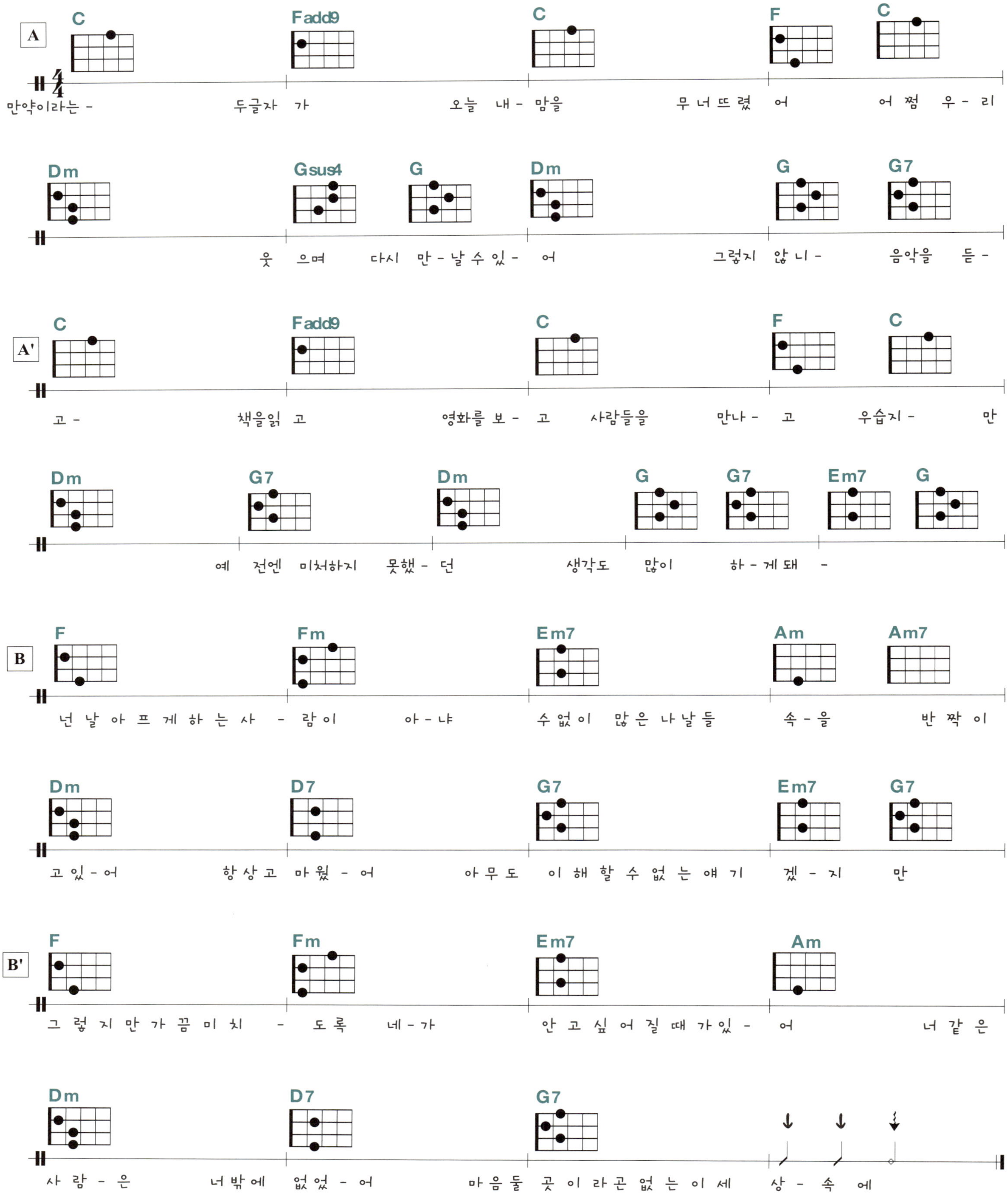

A

| C | Fadd9 | C | F | C |

| Dm | Gsus4 | G | Dm | G | G7 |

A'

| C | Fadd9 | C | F | C |

| Dm | G7 | Dm | G | G7 | Em7 | G |

B

| F | Fm | Em7 | Am | Am7 |

| Dm | D7 | G7 | Em7 | G7 |

B'

| F | Fm | Em7 | Am |

| Dm | D7 | G7 |

39 THE WATER IS WIDE

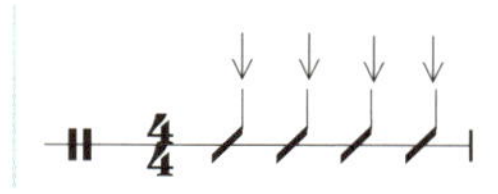

A

D · G · D · Dsus4 · D

Bm7 · G · A · Asus4 · A

B

F#m · G · A · D · Bm7 · G · A

D · Bm7 · G · A · D · Bm7 · G · A

A'

D · Bm7 · G · A · D · Bm7 · G · A

Bm7 · G · A · Asus4 · A

B'

F#m · G · A · D · Bm7 · G · A

D · Bm7 · G · A · D · Bm7 · G · A · D

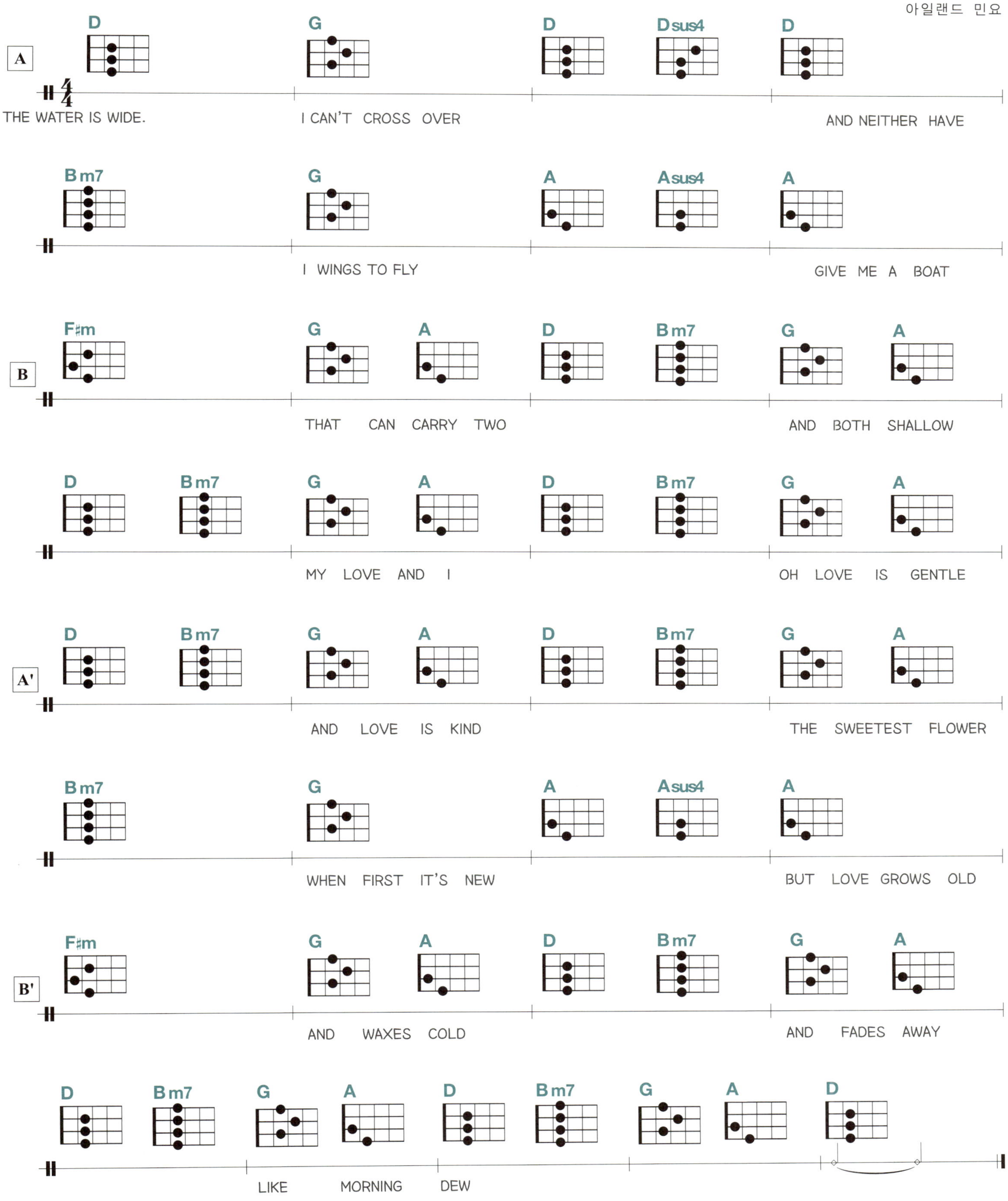

40 캔디

8비트 스트레이트

H.O.T

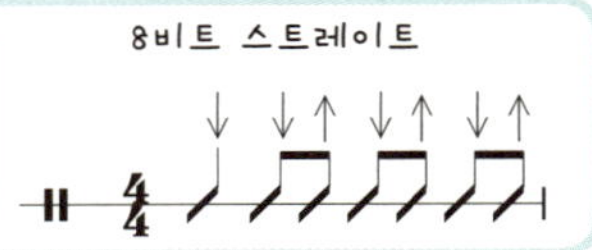

A

A F#m D E7 A F#m D E7

사실은 오-늘 너와의 만 남을 정리하-고 싶어 널 만날 거야 이런날 이해 해 어렵게
일-어 나보니 너 무나 눈부셔- 모든게 다 변한 거야 널 향한 마음 도 그렇지

A F#m D E7 A F#m D E7

맘 정한 거라 네게 말 할 꺼 지 만 사실오 늘 아 침에그냥나 생각한거야 햇살에
만 널 사랑 않- 는 게 아 냐 이제는 나 를 변 화 시- 킬 테니까 너

B

A F#m D E7 A F#m D E7

몰래몰래몰래다른여자들과비교비교했지 자꾸만 깨어지는환상속에 혼자서울고있는 초라하게 갇혀버린 나를보았어

A F#m D E7 A F#m D E7

널떠날꺼야 음! 널떠날꺼야 음! 하지만 아직 너를 사랑하는걸 그래 그렇지만 내 맘 속 에 너를 잊어 갈거야 머리

C

C#m7 F#m Bm7 E7

위 - 로 비친 내하늘 바라다보며 널 향 한 마음을 이제는 굳 혔- 지 만

C#m7 F#m F G7

왠-일인지 네 게 다 다가갈수록 우린 같은하늘- 아래 서 있었지- 단지 널

D

C F G7 C Am F G7

사 랑 해 이 렇 게 말 했 지 이제껏 준 비 했 던 많 은 말 을 뒤 로 한 채

C F G7 C Am C F G7

언 제 나 니 곁 에 있 을 게 이렇게 약 속 을 하 겠 어 저 하 늘 을 바 라 다 보 며-

↓ C

다음과 같은 순서로 코드를 연습해 보세요

Dm

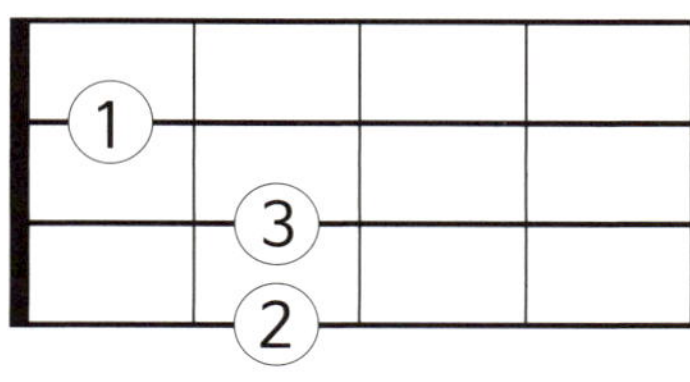

이전에 배운
F코드에 손가락 하나추가
라고 생각하세요

F7

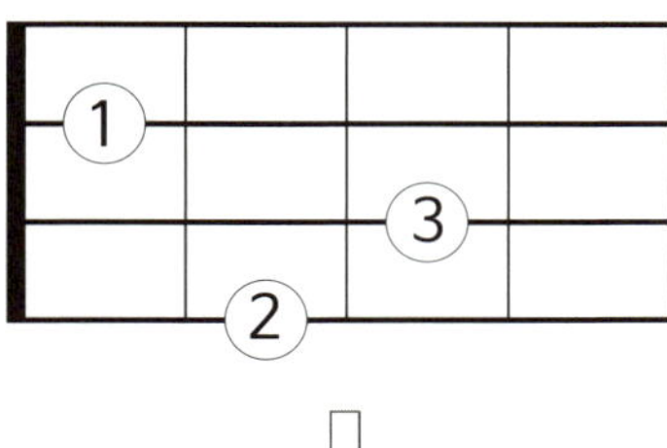

③이 오른쪽으로 한칸
이동합니다!

Gm

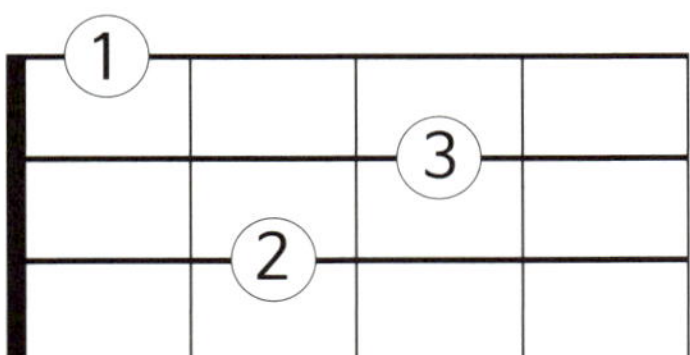

그 모양 그대로
아래로 이동!

15개 돌파!

	메이저	마이너	도미넌트 세븐
	A (○)	Am (○)	A7 (○)
	B	Bm	B7
	C (○)	Cm	C7 (○)
	D (○)	Dm (○)	D7 (○)
	E	Em (○)	E7 (○)
	F (○)	Fm	F7 (○)
Em7 (○)	G (○)	Gm (○)	G7 (○)

41 보라 빛 향기

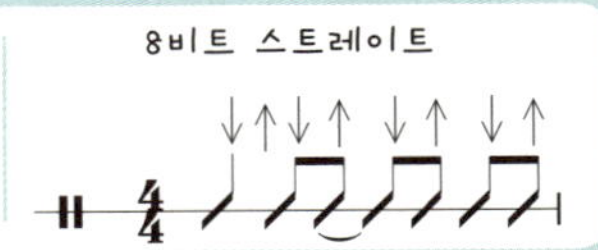

강수지

A

Gm7　　　　C7　　　　　F　　　　Bb

그 대 모습은 -　　　　　　보라빛 처럼 -
예 쁜 두눈에 -　　　　　　향기가 어려 -

Gm7　　　　C7　　　　　F　　　　F7

살 며　시 다 가 왔　지 -
잇 을　수 - 가 없었　네 -

B

Gm7　C7　F　　　　Gm7　C7　F

언 제 나　　우리 -　　　웃 을 수　있는

Gm7　C7　A7　Dm　　　Gm7　　　　C7

아 름 다 운　얘 - 기 들을 -　만 들 어　가요 -

C

F　　　　F7　　　　Bb　　　　Bbm

외로움이 -　　다가와도 -　　그대 슬 퍼　하 - 지 마

Am　　　　D7　　　　Gm7　　　　C7

답답한　내　맘 - 이 더 아 파 오　잖아 -

C'

F　　　　F7　　　　Bb　　　　Bbm

길을　걷다 -　　마주 치는 -　　많은 사람　들　중에 -

Am　　　　D7　　　　Gm7　　　　C7　　　　F

그댄 나 에 게 -　　　사 랑을 건 네 준　사　람

42 에구구구

요조

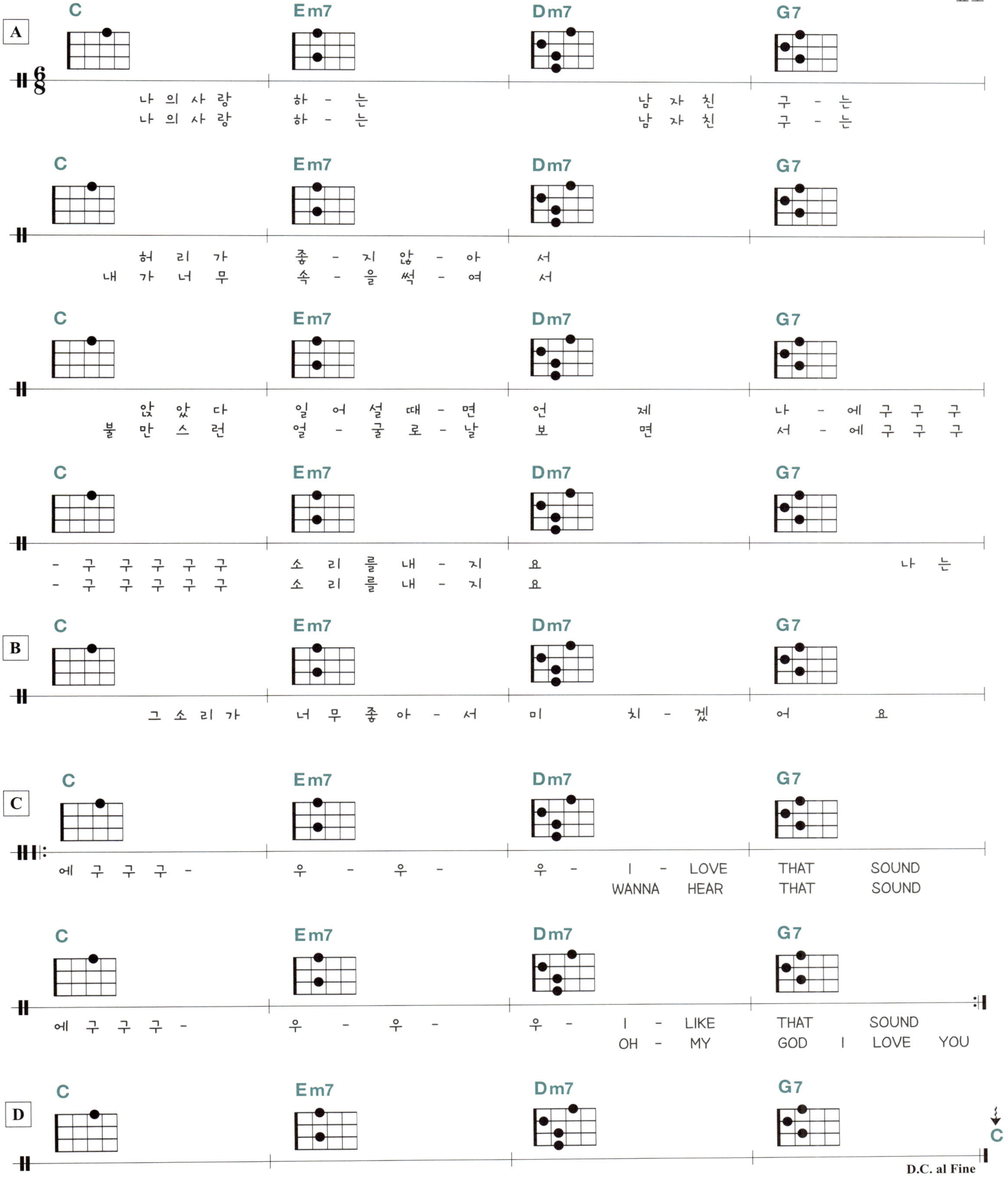

A

C	Em7	Dm7	G7
나의 사랑	하 – 는	남 자 친	구 – 는
나의 사랑	하 – 는	남 자 친	구 – 는

C	Em7	Dm7	G7
허 리 가	좋 – 지 않 – 아	서	
내 가 너 무	속 – 을 썩 – 여	서	

C	Em7	Dm7	G7
앉 았 았 다	일 어 설 때 – 면	언 계	나 – 에 구 구 구
불 만 스 런	얼 – 굴 로 – 날	보 면	서 – 에 구 구 구

C	Em7	Dm7	G7
– 구 구 구 구 구	소 리 를 내 – 지	요	나 는
– 구 구 구 구 구	소 리 를 내 – 지	요	

B

C	Em7	Dm7	G7
그 소 리 가	너 무 좋 아 – 서	미 치 – 겠	어 요

C

C	Em7	Dm7	G7
에 구 구 구 –	우 – 우 –	우 – I – LOVE	THAT SOUND
		WANNA HEAR	THAT SOUND

C	Em7	Dm7	G7
에 구 구 구 –	우 – 우 –	우 – I – LIKE	THAT SOUND
		OH – MY	GOD I LOVE YOU

D

C	Em7	Dm7	G7

to C

D.C. al Fine

43 초콜릿 이야기

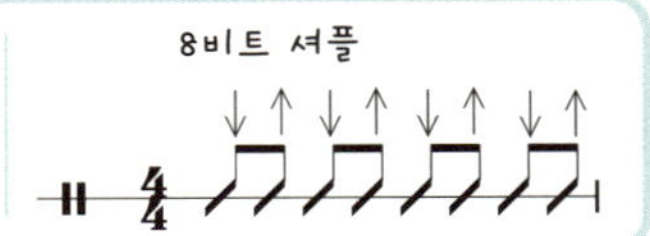

하림

♩ = 3연음

A

| D7 | G6 | D7 | G6 |

부드런 밀크 초컬릿은　　　외로운 날에　　　혀 끝에　녹아드는　　　다정함　　　치약맛

| D7 | G6 | E7 | Am | D7 | G6 |

민트　초컬릿은　　　따분한 날에　　　초컬릿　안 같아　　　　크런

A'

| D7 | G6 | D7 | G6 |

키　초컬릿은　마음　상한날　　　와사삭　부서지는　　　통쾌함　　　브랜디

| D7 | G6 | E7 | Am | D7 | G6 |

품고있는　엉큼한　　　초컬릿도　있어　　　세개면　난　취해　　　오 - 우

B

| B7 | E7 |

마음이　자꾸만　　　바닥에　드러눕는　날에　（우울하고　눈물나는 날　있지）

| A7 | D7 |

내　옆에　아무도　　　없다고　느껴지는　　　날　에　　도　　그럴 때

A''

| D7 | G6 | D7 | G6 |

초컬릿　한입　에　눈이　스르르　　　행복한　상상에　　　취하지　멀미가

| D7 | G6 | E7 | Am | D7 | G6 |

날 것 만　같은　진한　초컬릿　그　맛은　　　아득한　네　입술

44 오, 사랑

T
A
B
4
4

루시드 폴

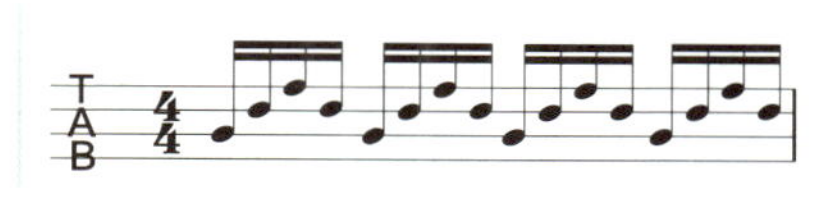

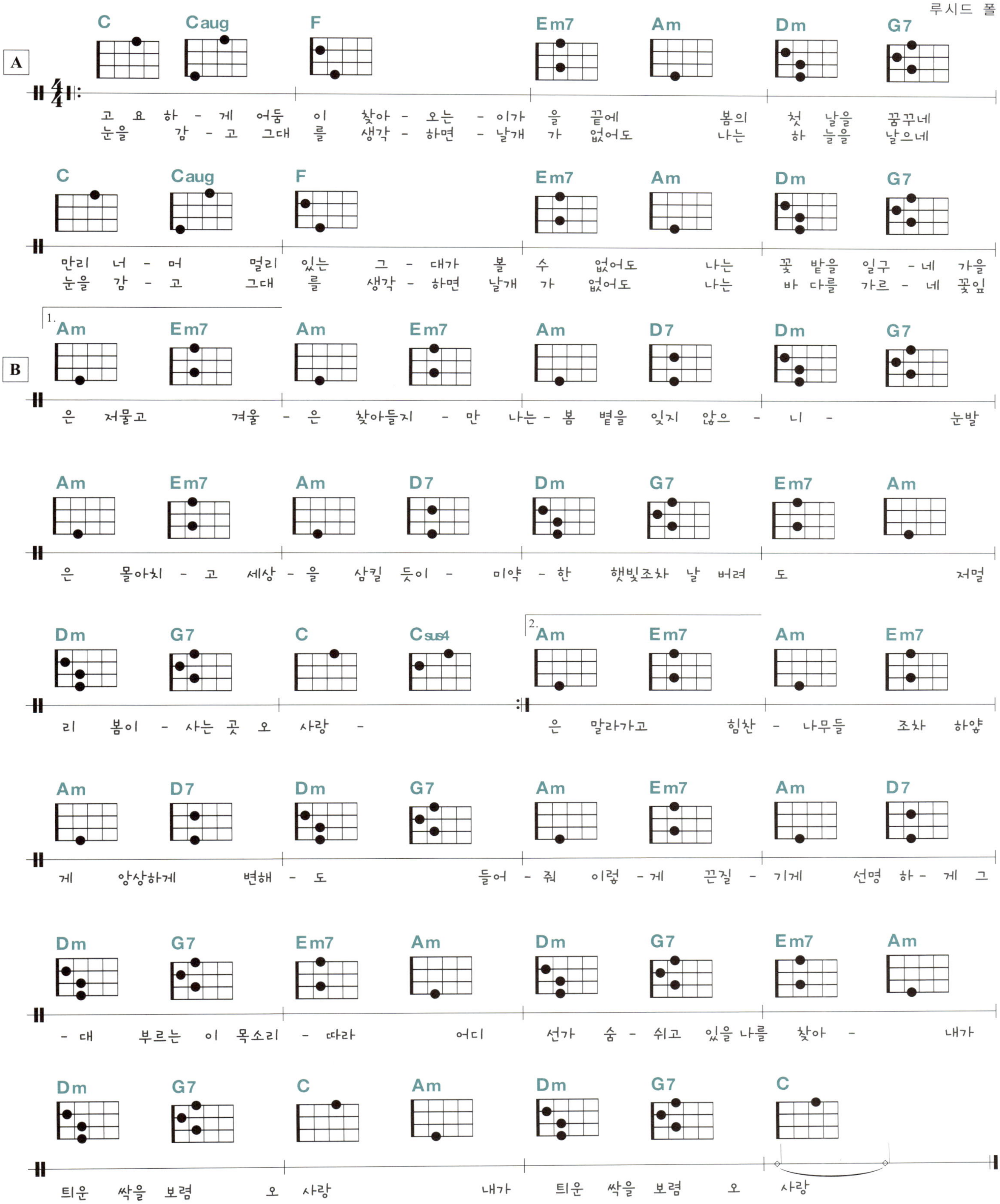
A
C Caug F Em7 Am Dm G7
고 요 하 - 게 어둠 이 찾아 - 오는 - 이가 을 끝에 봄의 첫 날을 꿈꾸네
눈을 감 - 고 그대 를 생각 - 하면 - 날개 가 없어도 나는 하 늘을 날으네
C Caug F Em7 Am Dm G7
만리 너 - 머 멀리 있는 그 - 대가 볼 수 없어도 나는 꽃 밭을 일구 - 네 가을
눈을 감 - 고 그대 를 생각 - 하면 날개 가 없어도 나는 바 다를 가르 - 네 꽃잎
B
1.
Am Em7 Am Em7 Am D7 Dm G7
은 저물고 겨울 - 은 찾아들지 - 만 나는 - 봄 볕을 잊지 않으 - 니 - 눈발
Am Em7 Am D7 Dm G7 Em7 Am
은 몰아치 - 고 세상 - 을 삼킬 듯이 - 미약 - 한 햇빛조차 날 버려 도 저멀
Dm G7 C Csus4
리 봄이 - 사는 곳 오 사랑 -
2.
Am Em7 Am Em7
은 말라가고 힘찬 - 나무들 조차 하얗
Am D7 Dm G7 Am Em7 Am D7
게 앙상하게 변해 - 도 들어 - 줘 이렇 - 게 끈질 - 기게 선명 하 - 게 그
Dm G7 Em7 Am Dm G7 Em7 Am
- 대 부르는 이 목소리 - 따라 어디 선가 숨 - 쉬고 있을 나를 찾아 - 내가
Dm G7 C Am Dm G7 C
티운 싹을 보렴 오 사랑 내가 티운 싹을 보렴 오 사랑

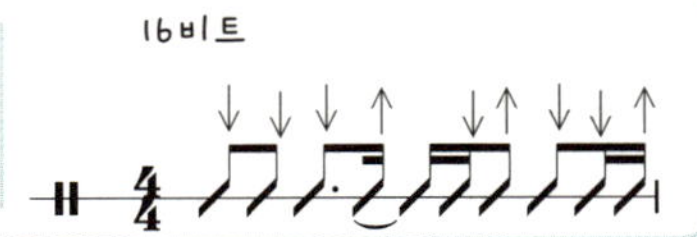

45 싸구려 커피

장기하와 얼굴들

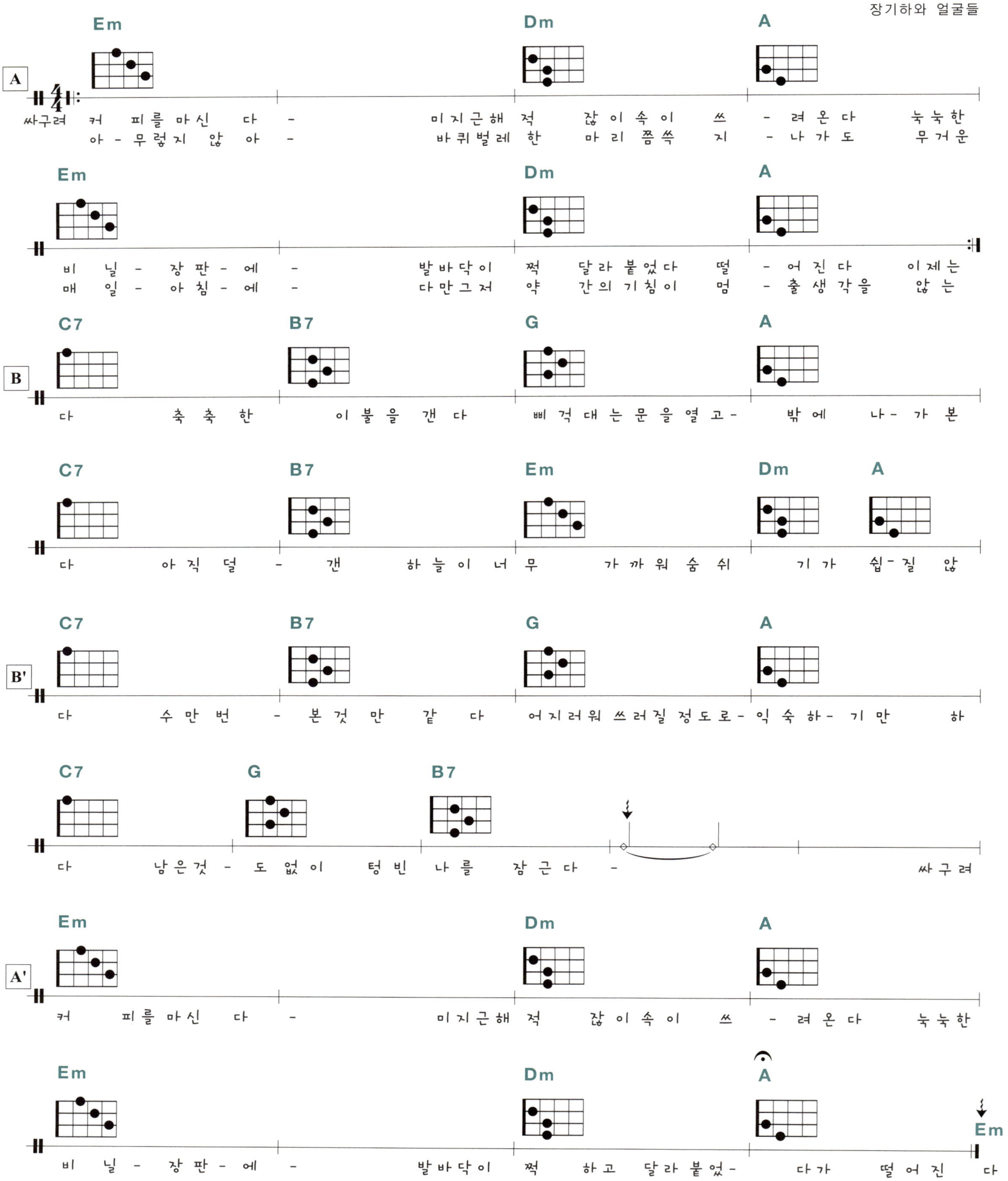

A

Em / Dm / A
싸구려 커 피를마신 다 -   미지근해 적   잖이속이 쓰 - 려온다   눅눅한
아 - 무렇지 않아 -   바퀴벌레 한   마리쯤쓱 지 - 나가도   무거운

Em / Dm / A
비닐 - 장판 - 에 -   발바닥이 쩍   달라붙었다 떨 - 어진다   이제는
매일 - 아침 - 에 -   다만그저 약   간의기침이 멈 - 출생각을   않는

B

C7 / B7 / G / A
다   축축한   이불을갠다   삐걱대는문을열고-   밖에 나 - 가본

C7 / B7 / Em / Dm / A
다   아직덜 - 갠   하늘이너무   가까워숨쉬   기가 쉽-질않

B'

C7 / B7 / G / A
다   수만번 - 본것만같 다   어지러워쓰러질정도로-익숙하-기만   하

C7 / G / B7
다   남은것 - 도없이 텅빈 나를 잠근다 -   싸구려

A'

Em / Dm / A
커 피를마신 다 -   미지근해 적   잖이속이 쓰 - 려온다   눅눅한

Em / Dm / A
비 닐 - 장 판 - 에 -   발바닥이 쩍 하고 달라붙었 - 다가 떨어진 다

Em

46 GROW OLD WITH YOU

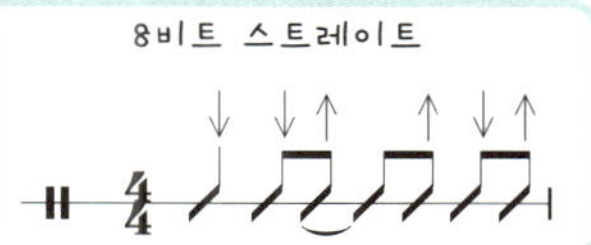

아담 샌들러(웨딩싱어O.S.T)

♪ = ♪♪

A

F	Gm7	Am	B♭
I WANNA MAKE YOU SMILE	WHEN - EVER YOU'RE SAD	CARRY AROUND WHEN YOUR	ARTHRITIS IS BAD OH

F	C	B♭	F	C7
ALL I WANNA DO –	IS GROW	OLD WITH	YOU	I'LL GET YOUR

A'

F	Gm7	Am	B♭
MEDI - CINE WHEN	YOUR TUMMY ACHES –	BUILD YOU A FIRE IF	THE FUNACE BREAKS SO

F	C	B♭	F	F7
IT COULD BE SO NICE	GROWING	OLD WITH	YOU	I'LL

B

B♭	F
MISS YOU KISS YOU	GIVE YOU MY COAT WHEN YOU ARE COLD

B♭	F	C
NEED YOU FEED YOU	EVEN LET YOU HOLD THE REMOTE CONTROL SO

A''

F	Gm7	Am	B♭
LET ME DO THE DISHS IN OUR	KITCHEN SINK	PUT YOU TO BED WHEN YOU'VE HAD TOO MUCH TO DRINK

F	C	B♭	F	Csus4	C
OH I COULD BE THE MAN	WHO GROWS OLD WITH	YOU	I	WANNA GROW OLD WITH YOU	F

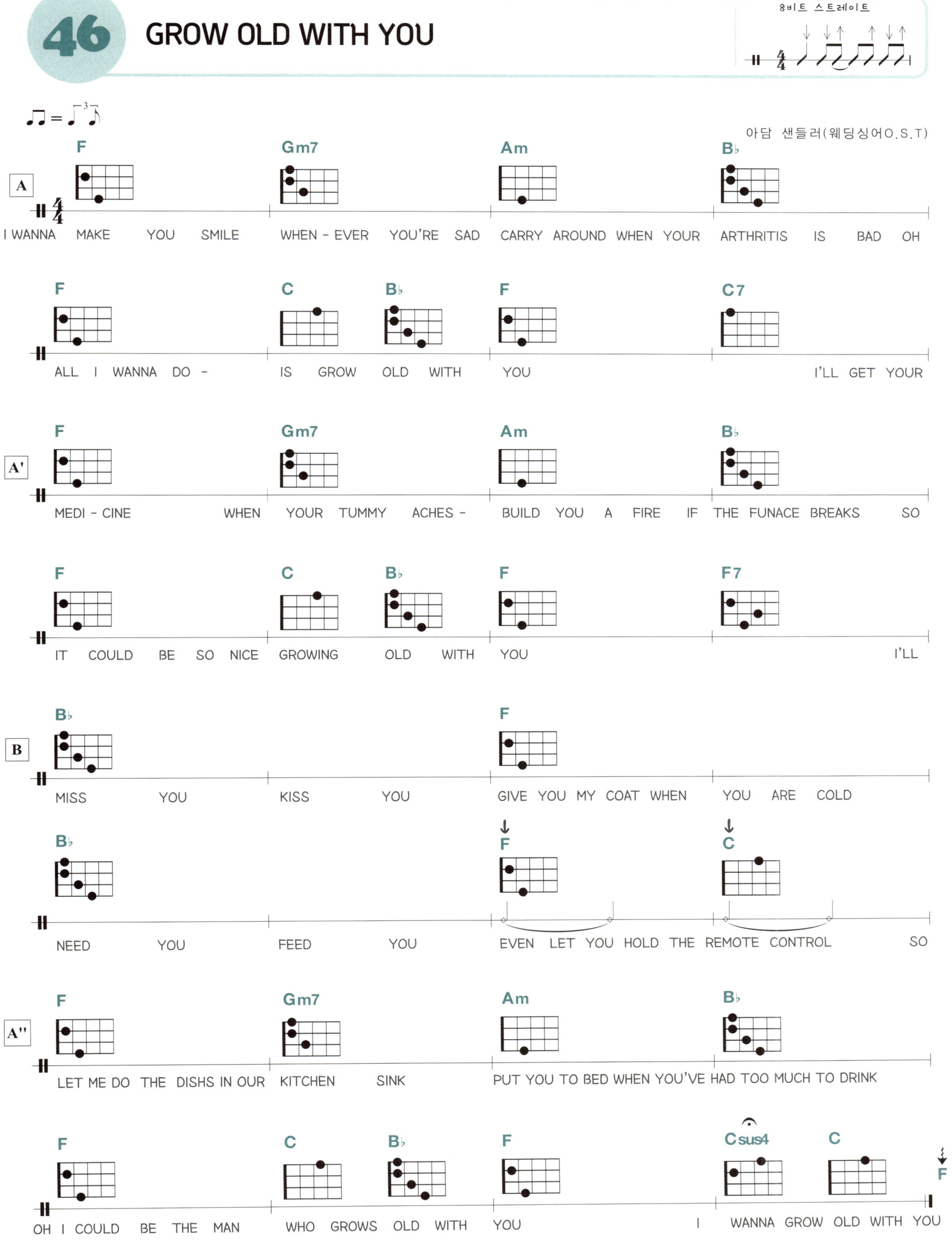

47 가시나무

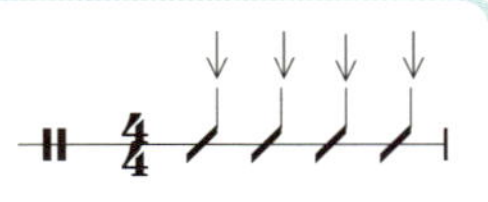

A

C	F	C	G7

C	F	C · G7	C

A'

C	F	C	G7

C	F	C · G7	C

B

F	C	F · D7	G7

F	C	F · D7	G7

B'

Am	Em	Dm · D7	G7

C	F	C · G7	C

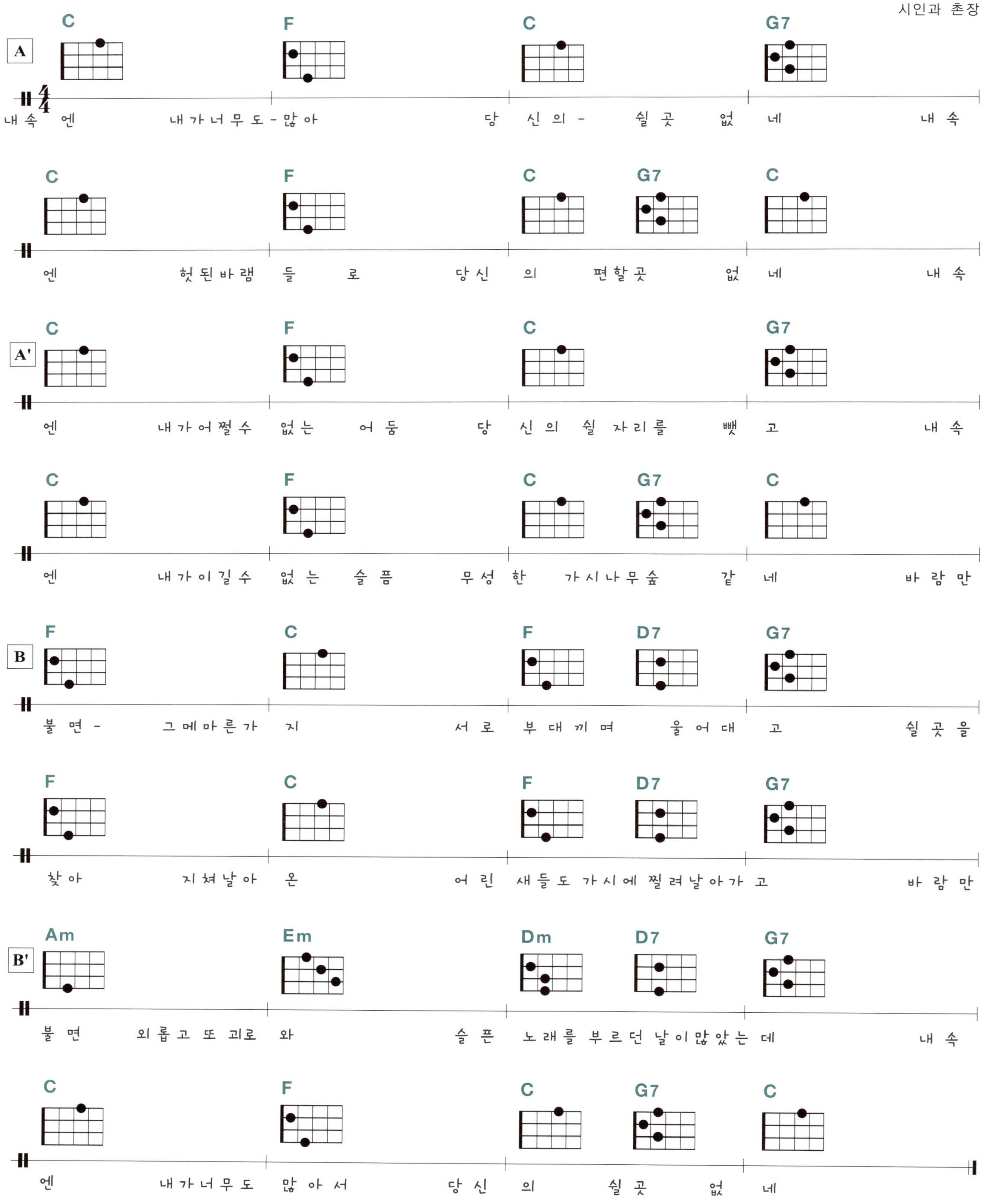

48 가로수 그늘 아래 서면

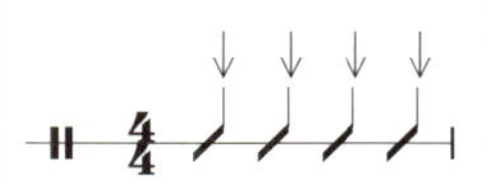

이문세

A

| C | G | Am | | C | G | Am |

라일락 꽃향기 맡으면   잊을 수- 없는 기억- 에   햇살

| F | G | Am | | C | G | F | G7 |

가득 눈부신 슬- 픔 안고   버스 창- 가에 기대 우- 네   가로

A'

| C | G | Am | | C | G | Am |

수 그늘 아래 서 면   떠 가 는 듯 그대 모- 습   어 느

| F | G | Am | | C | G | Am | C |

찬 비 흩날린 가을 오면   아 침 찬 바람에 지우- 지   이렇게

B

| F | G | C | E7 | F | G | Am |

도 아름다운 세 상 잊지 않으리   내 가 사랑 한 얘기 우우우우

| F | G | C | Em | Am | C | F | G | Am |

우- 여위어가는 가- 로- 수 그늘밑   그 향기 더 하는데 우우우우

B'

| F | G | C | E7 | F | G | Am |

우- 아름다운 세 상 너 는 알았지   내 가 사랑 한 모 습 우우우우

| F | G | C | Em | Am | C | F | G | Am |

우- 저 별 이지는 가- 로- 수- 하늘밑   그 향기 더 하는데

49 연극이 끝난 후

샤프(대학 가요제)

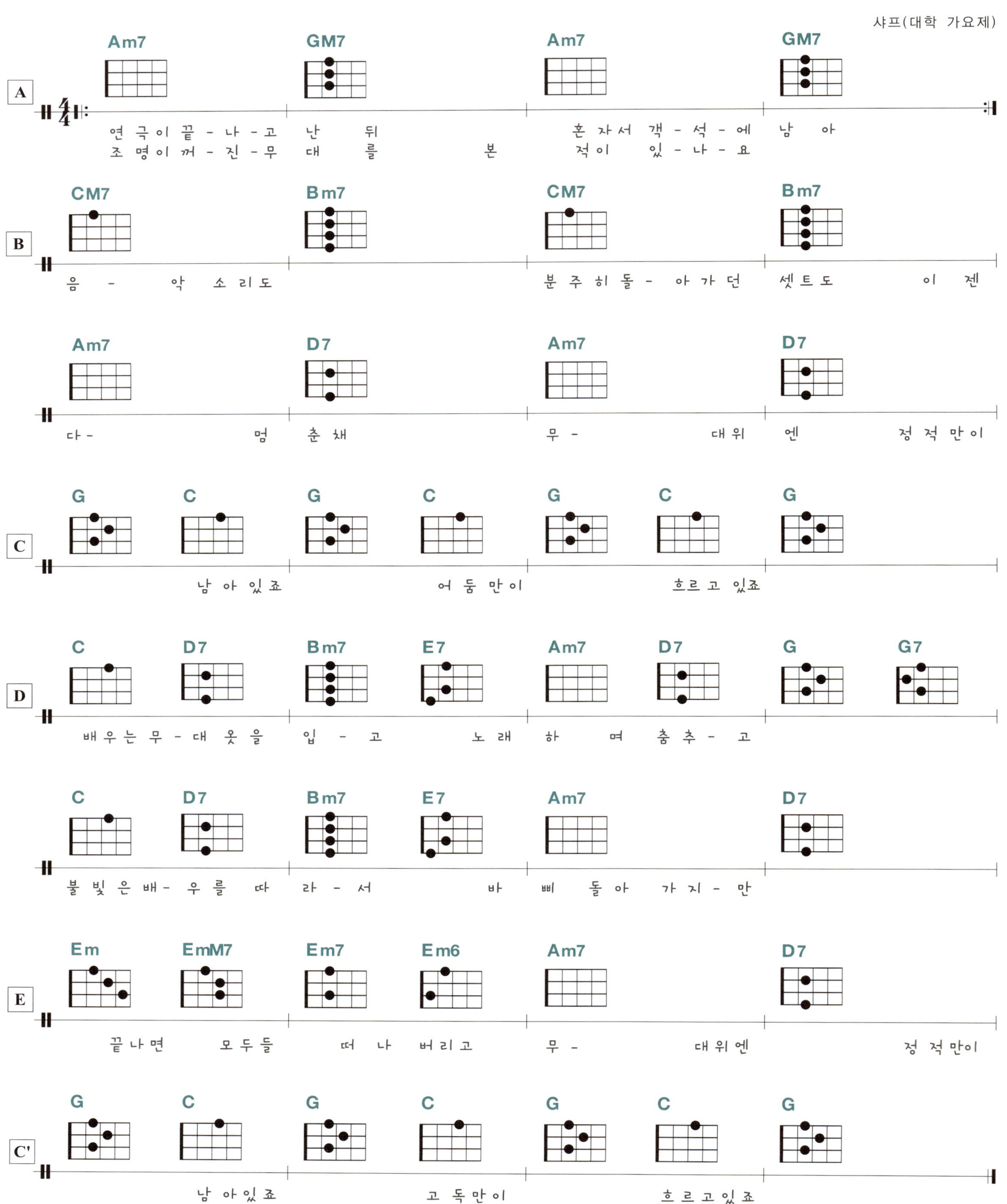

A
Am7 GM7 Am7 GM7
연극이 끝-나-고 난 뒤 혼자서 객-석-에 남 아
조명이 꺼-진-무 대 를 본 적이 있-나-요

B
CM7 Bm7 CM7 Bm7
음 - 악 소리도 분주히돌 - 아가던 셋트도 이 젠

Am7 D7 Am7 D7
다 - 멈 춘채 무 - 대위 엔 정 적 만이

C
G C G C G C G
남 아 있죠 어 둠 만이 흐르고 있죠

D
C D7 Bm7 E7 Am7 D7 G G7
배우는무-대 옷을 입 - 고 노래 하 며 춤추-고

C D7 Bm7 E7 Am7 D7
불 빛은 배-우를 따 라 서 바 삐 돌아 가 지 - 만

E
Em EmM7 Em7 Em6 Am7 D7
끝나면 모두들 떠 나 버리고 무 - 대위엔 정 적 만이

C'
G C G C G C G
남 아 있죠 고 독 만이 흐 르 고있죠

50 가질 수 없는 너

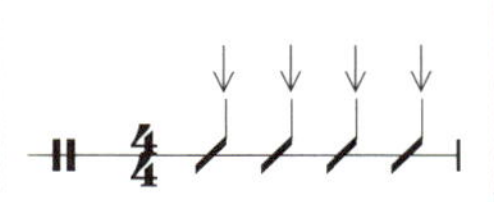

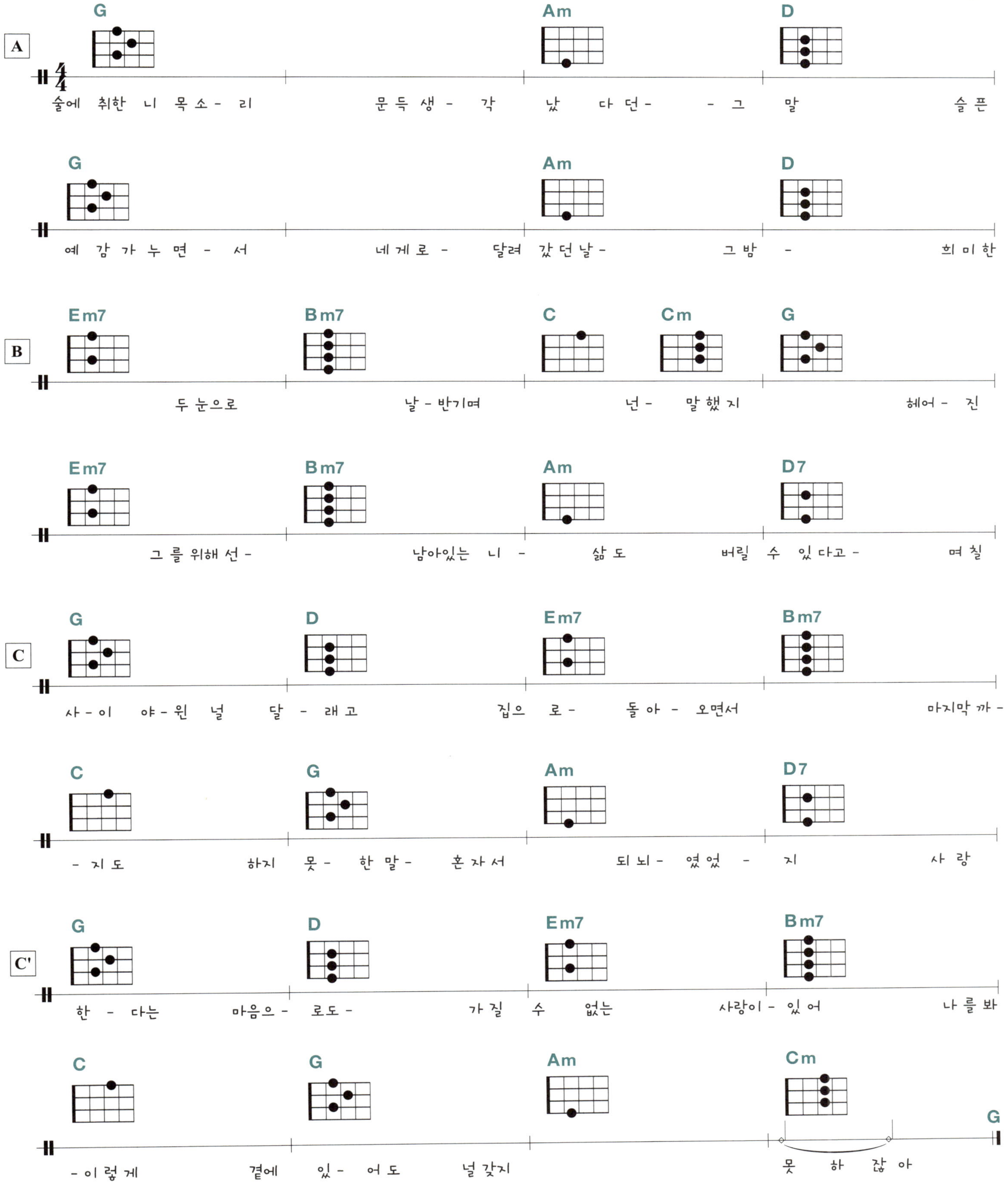

A

G — Am — D

술에 취한 니 목소리　　문득 생 - 각 났 다 던 - - 그 말　　슬픈

G — Am — D

예 감 가 누면 - 서　　네 게 로 - 달려 갔던날 -　　그 밤 -　　희미한

B

Em7 — Bm7 — C — Cm — G

두 눈으로　　날 - 반기며　　넌 - 말했지　　헤어 - 진

Em7 — Bm7 — Am — D7

그 를 위해 선 -　　남아있는 니 -　　삶도　　버릴 수 있다고 -　　며 칠

C

G — D — Em7 — Bm7

사 - 이 야 - 원 널 달 - 래고　　집으 로 - 돌아 - 오면서　　마지막 까 -

C — G — Am — D7

- 지도　　하지 못 - 한 말 - 혼자서　　되뇌 - 였었 - 지　　사 랑

C'

G — D — Em7 — Bm7

한 - 다는　　마음으 - 로도 -　　가질 수 없는　　사랑이 - 있어　　나를봐

C — G — Am — Cm — G

- 이렇게　　곁에 있 - 어도 널 갖지　　못 하 잖 아

코드 연습시간 #5

다음과 같은 순서로 코드를 연습해 보세요

Cm

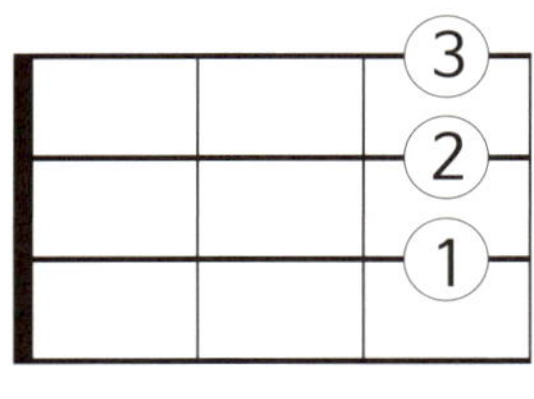

D코드와 비슷한 모양이에요.

B7

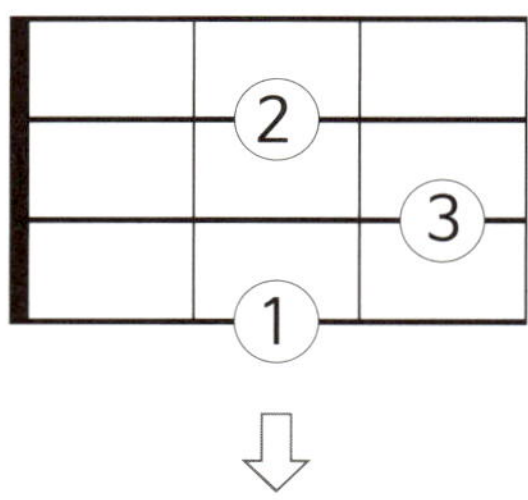

G코드와 비슷한 모양이에요.

Fm

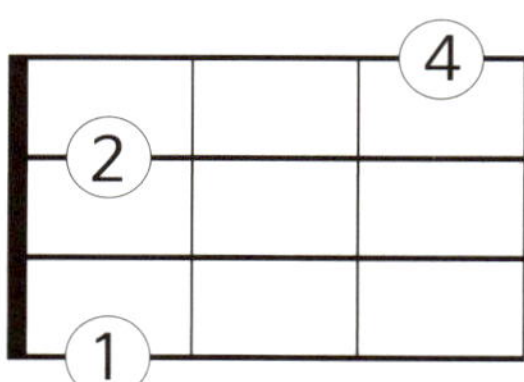

①, ②를 보면 D7과 비슷한 모양입니다.
④의 위치는 'C코드'자리에요!

얼마 남지 않았어요!

	메이저	마이너	도미넌트 세 븐
	A (○)	Am (○)	A7 (○)
	B	Bm	B7 (○)
	C (○)	Cm (○)	C7 (○)
	D (○)	Dm (○)	D7 (○)
	E	Em (○)	E7 (○)
	F (○)	Fm (○)	F7 (○)
Em7 (○)	G (○)	Gm (○)	G7 (○)

51 LOVE ME TENDER

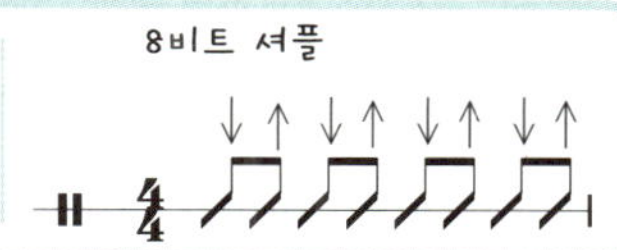

Elvis Presley

A

C — LOVE ME TENDER   D7 — LOVE ME SWEET

G7 — NEVER LET ME GO   C

A'

C — YOU HAVE MADE MY   D7 — LIFE COMPLETE

G7 — AND I LOVE YOU SO   C

B

C — LOVE   Caug — ME   C6 — TENDER.   C7 — LOVE ME TRUE

F — ALL MY   Fm — DREAMS   C — FULFILLED.   CM7

A''

C — FOR   A7 — MY DARLIN'   D7 — I   LOVE YOU,

G7 — AND I ALWAYS WILL   C

산골소년의 사랑이야기

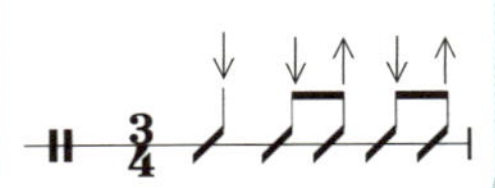

예민

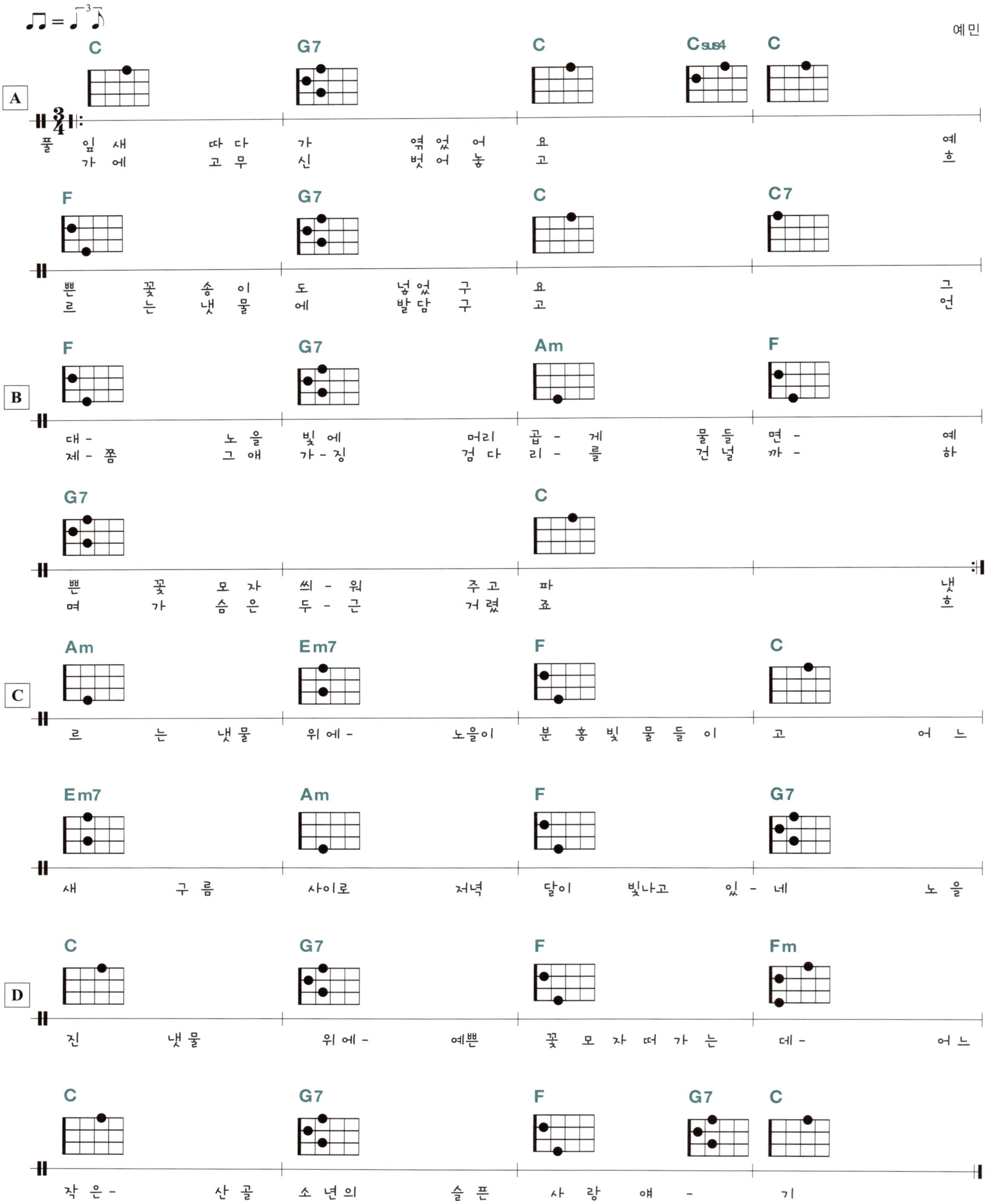

A

C	G7	C	C_{sus4} C

풀 잎 새　　 따 다　 가 　　 엮 없 어 　요 　　　　　예
가 에　　　 고 무 　신 　　　 벗 어 놓 　고 　　　　　흐

F	G7	C	C7

쁜 　 꽂 는 　송 이 　도 　　 넣 없 구 　요 　　　　　그
르 　 꽃 는 　냇 물 　에 　　 발 담 구 　고 　　　　　언

B

F	G7	Am	F

대 -　　　 노 을 　빛 에 　　 머 리 곱 - 게 　　 물 들 면 - 　　예
제 - 쫌 　　 그 애 　가 - 징 　　 검 다 리 - 를 　　 건 널 까 - 　　하

G7	C

쁜 　 꽃 모 자 　씌 - 워 　　 주 고 　파 　　　　　　　　냇
며 　 가 슴 은 　두 - 근 　　 거 렸 　죠 　　　　　　　　흐

C

Am	Em7	F	C

르 　 는 　냇 물 　위 에 - 　　 노 을 이 　분 홍 빛 물 들 이 　고 　　 어 　 느

Em7	Am	F	G7

새 　　 구 름 　　 사 이 로 　　 저 녁 　달 이 　빛 나 고 　있 - 네 　　 노 을

D

C	G7	F	Fm

진 　 냇 물 　　 위 에 - 　　 예 쁜 　꽃 모 자 떠 가 는 　데 - 　　 어 느

C	G7	F	G7 C

작 은 - 　　 산 골 　소 년 의 　　 슬 픈 　사 랑 얘 - 　　 기

53 슬픈 인연

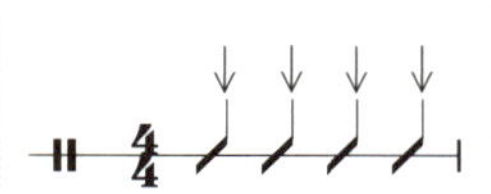

A

C	Em	F	G7	C

멀 - 어 져 - 가 는　　　저 뒷 모습을　바 라 보면 서　　　　난

F	Em	Dm	D7	G7

아직도 - 　　이 - 　순 간을 - 　　　이별 이 라 하 지 않겠　네

A'

C	Em	F	G7	C

달 - 콤　했 - 었 지　　　그　수 많았 던 추 억 속에　서　　　흠

F	Em7	E♭dim7	Dm	G7	C

뻑 젖은 - 　두 - 　마 음을 - 　　우리 어 떻게 - 　잇 을까 -

B

F	Em	Dm	G7	C

아 - 　　다 시 올 꺼야 - 　　너 는 외 로 움을 견 딜 수 없　어

F	Em	F	D7	G7

아 - 　　나의 곁 으 로 - 　　다 시 돌 아 올 거 야 　- 　그 러나

C

C	F	C	F	Dm	G7	C

그　시 절 에　너를 또　만 나서 - 　사랑 할 수　있을　까 　- 　흐 르 는

C	F	C	F	Dm	G7	C

그　세 월 에　나 는 또　얼 마나 - 　많은 눈물을　　흘 리 려 나

 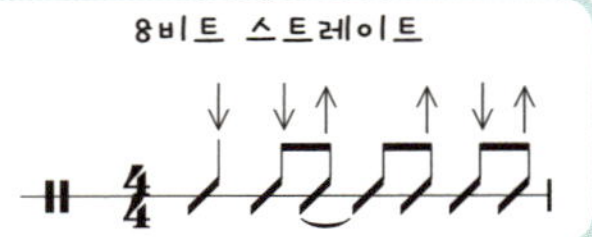

54 우리의 밤은 당신의 낮보다 아름답다

코나

A

D   F#m   G   Em7   A7

함 께   가 는 거 - 야   나를 믿 - 어   내게주는 느 - 낌 그걸 믿 는 거

D   F#m   G   Em7   A7

야   내겐 너 - 무   아름 다 - 운   너의밤을 지 - 켜 주겠 어   우

B ※

D   F#m   Am   B7   Em7

린 - 오늘 아 무 일 도없 겠 - 지만   그 대 가 - 원 한 - - 다 면   언 젠

G   Gm6   F#m   Fdim7   Em7   A7   D

가   이 세 상 의 모 든 아 침을   나 와   함 께   해 줘

To Coda (다)
Only 2nd time

간주

D   F#m   G   Em7   A7

이

A'

D   F#m   G   Em7   A7

미   알고 있 - 어   흔들 리 - 는   너의눈에 담 - 긴 두려움   우

D.S. al Coda

B' ⊕

D   F#m   Am   B7   Em7

시 - 한번 자 신 있게 말 하 - 지만   나를 믿 - 고   있 다   면   언 젠

G   Gm6   F#m   Fdim7   Em7   A7   D

가   이 세 상 의 모 든 아침을   나 와   함 께   해 줘

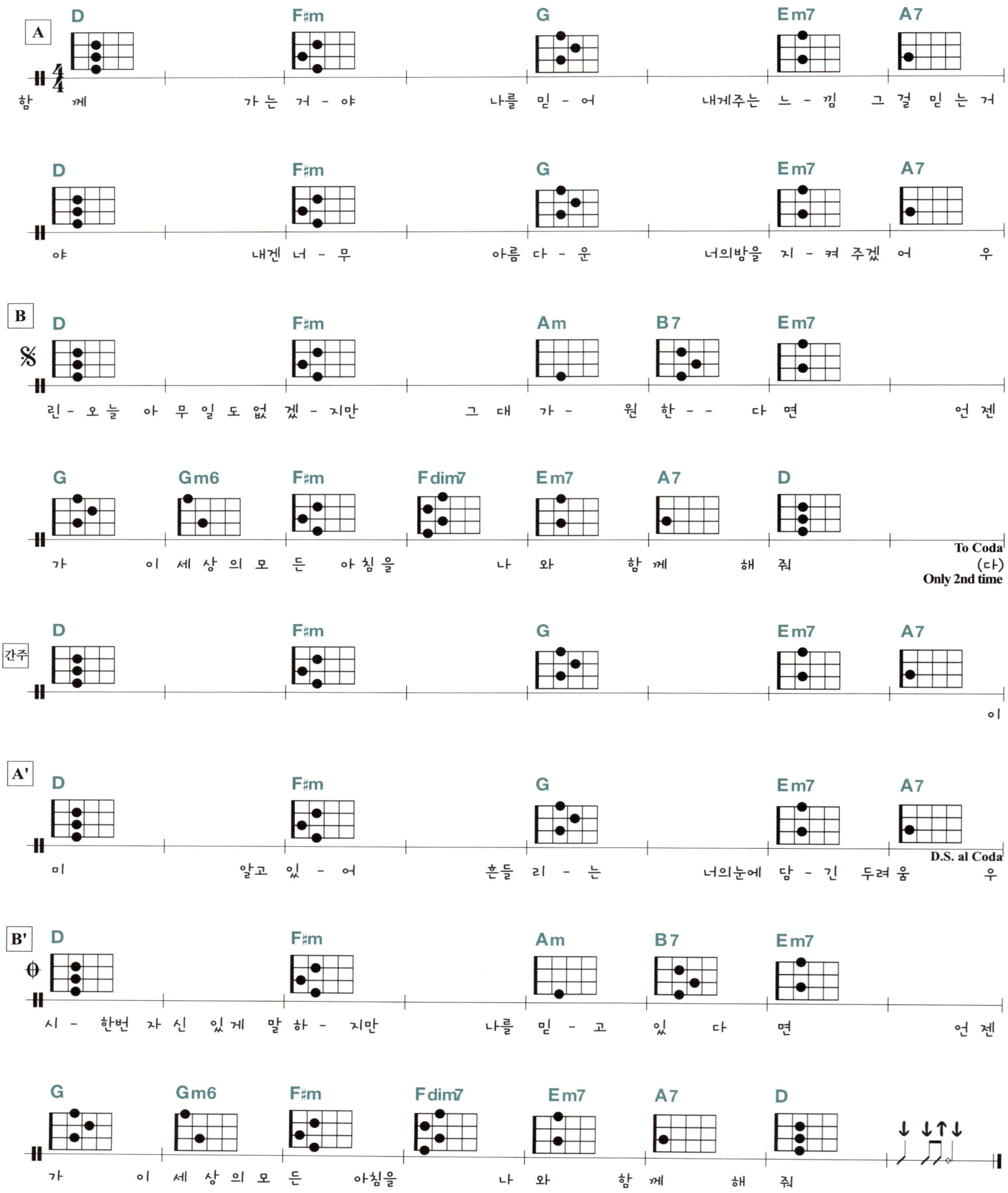

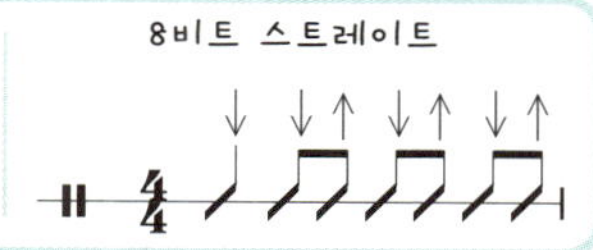

55 가을이 오면

이문세

A

| C | Caug | C6 | C7 |

가을이 오면   눈부신 아침   햇살에 비친 그

| F | Fm | C | F | G7 |

대의 미소가 -   아름 다워요 -

A'

| C | Caug | C6 | C7 |

눈을 감으면   싱그런 바람   가득한 그대의

| F | Fm | C | F | G7 |

맑은 숨결이 -   향기 로와요 -

B

| Dm | G7 | Em7 | A7 |

길을 걸으면 -   불러보던 그   옛 노래는 아직

| Dm | G7 | C | C7 |

도 내 마음 - 을   설레게 하 - 네

B'

| Dm | G7 | Em7 | A7 |

하늘을 보면 -   님의 부드 - 런 고운 미소 가득

| Dm | G7 | C | |

한 저 하늘 에   가을이 오 - 면 -

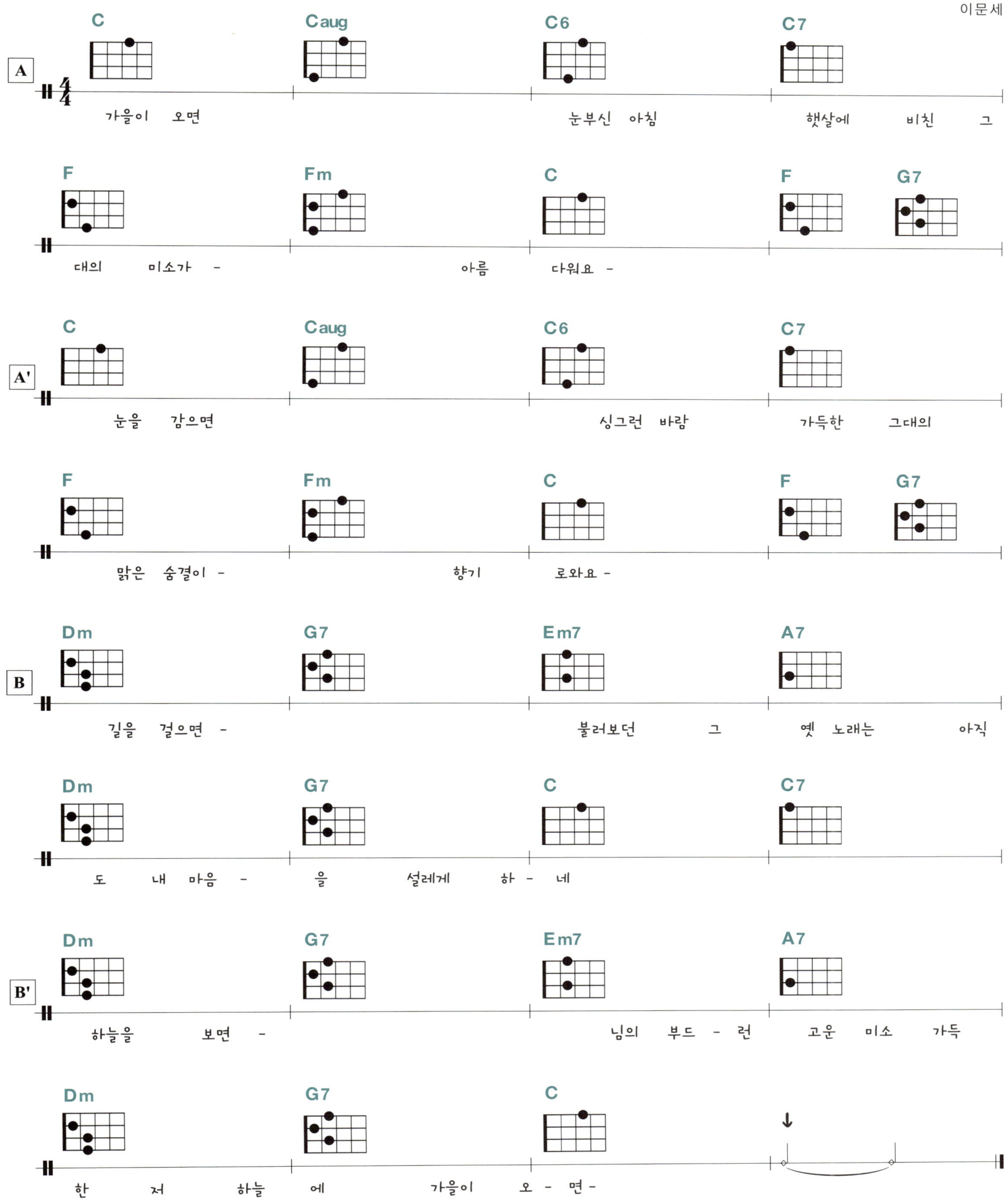

 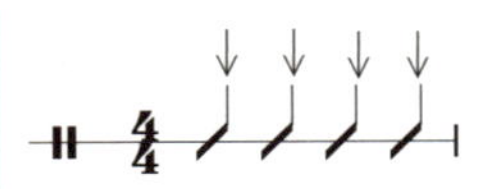

56 사랑이 다른 사랑으로 잊혀지네

A

B

C

57 벌써 일년

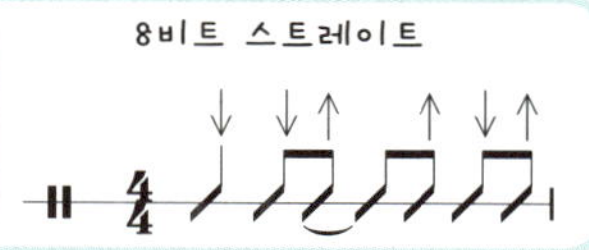

브라운아이즈

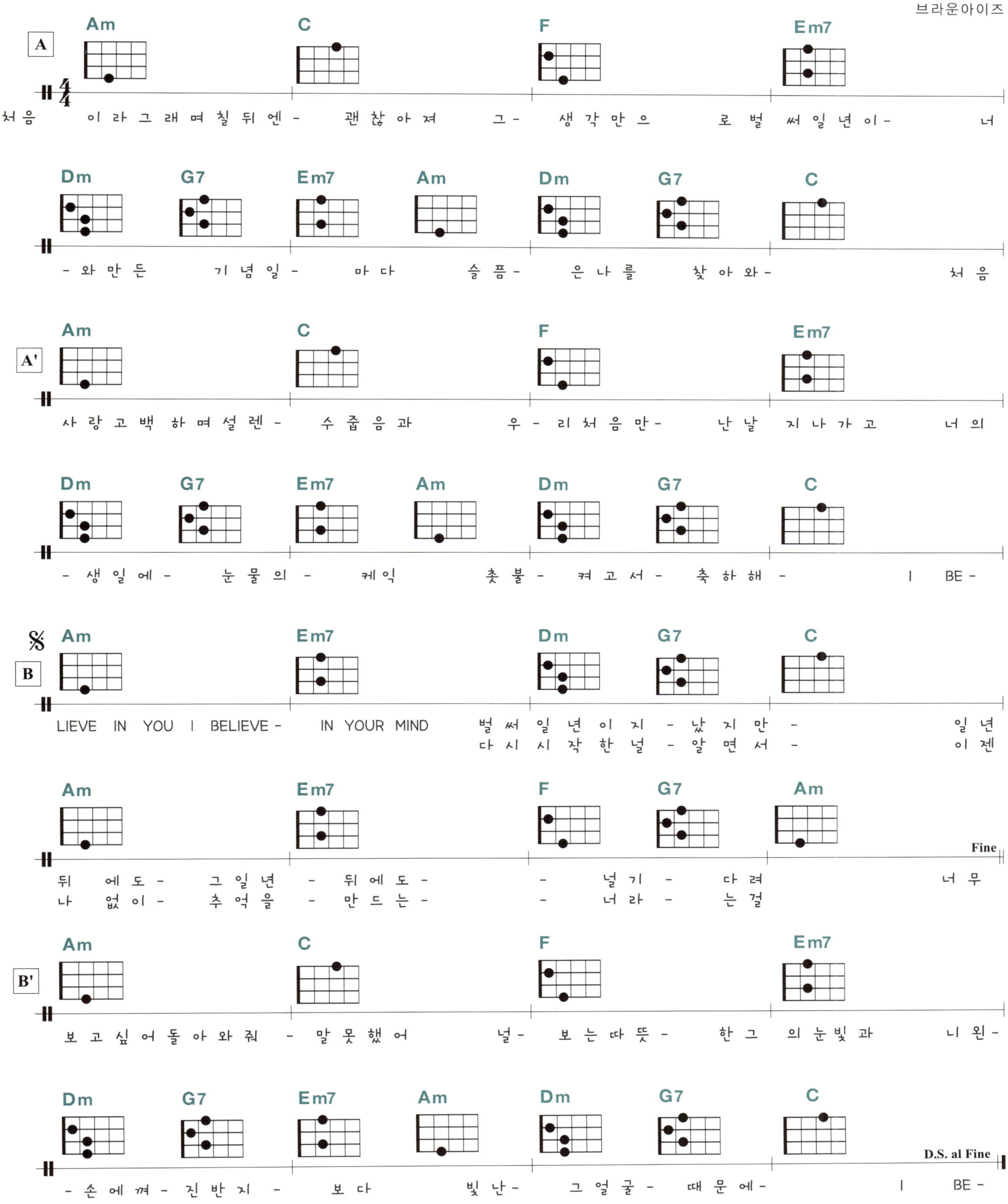

A

| Am | C | F | Em7 |

처음 이라 그래 며칠 뒤엔 - 괜찮아 져 그 - 생각만으 로 벌 써 일년이 - 너

| Dm | G7 | Em7 | Am | Dm | G7 | C |

- 와 만 든 기 념 일 - 마 다 슬 픔 - 은 나를 찾 아 와 - 처 음

A'

| Am | C | F | Em7 |

사 랑 고 백 하 며 설 렌 - 수 줍 음 과 우 - 리 처 음 만 - 난 날 지 나 가 고 너 의

| Dm | G7 | Em7 | Am | Dm | G7 | C |

- 생 일 에 - 눈 물 의 - 케 익 촛 불 - 켜 고 서 - 축 하 해 - I BE -

B

| Am | Em7 | Dm | G7 | C |

LIEVE IN YOU I BELIEVE - IN YOUR MIND 벌 써 일 년 이 지 - 났 지 만 - 일 년
다 시 시 작 한 널 - 알 면 서 - 이 젠

| Am | Em7 | F | G7 | Am |

뒤 에 도 - 그 일 년 - 뒤 에 도 - - 널 기 - 다 려 너 무
나 없 이 - 추 억 을 - 만 드 는 - - 너 라 - 는 걸

B'

| Am | C | F | Em7 |

보 고 싶 어 돌 아 와 줘 - 말 못 했 어 널 - 보 는 따 뜻 - 한 그 의 눈 빛 과 니 원 -

| Dm | G7 | Em7 | Am | Dm | G7 | C |

- 손 에 껴 - 진 반 지 - 보 다 빛 난 - 그 얼 굴 - 때 문 에 - I BE -

Fine

D.S. al Fine

나와 같다면

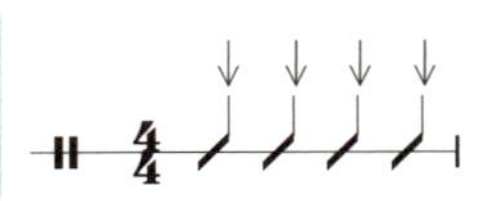

김장훈

A

| C | Em7 | A7 | Dm | G7 | C |

어떤 　 약속도 　 　 없는 그런 　 날에 - 　 　 너만 혼자 　 집에 　 있을 때 -
너의 　 방안을 　 　 정리 　 하다가 　 - 　 　 내 사진이 　 혹시 　 나오 면 -

| Em | Aaug7 | Dm | Fm | G7 | C |

넌 - 　 옛 생각이 　 나는지 　 　 그럴 　 땐 　 어 떡 하는지 -
넌 - 　 그 냥 찢고 　 마는지 　 　 한 참을 　 바 라 보는지 -

B

| Em | Aaug7 | Dm | G | G7 | C |

또 - 　 우울한 　 어떤 날 - 　 　 음 - 　 비마저 　 내 - 리고

| Em | A7 | Dm | D7 | G7 |

늘 - 　 우리가 　 듣던 　 노래가 　 　 라디오에서 　 나오면 - 　 　 나 처럼 -

C

| C | Em7 | A7 | Dm |

울고 싶은 지 　 　 왜 　 자꾸만 　 후회 　 되 는 지 나

| Fm | Em7 | A7 | Dm | G7 |

의 　 잘못했던 일과 - 　 　 너의 따뜻한 　 마 - 음만 　 더 　 생 - 각 나 　 (그대)

Only 2nd time

C'

| C | Em7 | A7 | Dm |

여 - 　 나 와 같 다 면 - 　 　 내 　 마음과 　 똑 같 - 다 면 - 　 그

| Fm | Em7 | A7 | Dm | G7 | C |

냥 - 나에게 오면 돼 - 　 　 널 위해 비워 둔 　 내맘 그 자 리 로 -

59 하늘을 달리다

16비트

이적

A

C | F | C | F

두근거렸지 누군가 나의 뒤를 쫓고 있었고
내가미웠지 난결국 이것 밖에 안돼 보였고

C | F | B♭ | F

검은절벽끝 더이상 발 디딜 곳 하나 없었지
오랜꿈들이 공허한 어린 날의 착각 같았지

C | F | C | F

자꾸 목에 메-어 간절히 네 이름을 속삭였을 때
울먹임을 참 고 남몰래 네 이름을 되뇌였을 때

B

C E♭ | F A♭add2 | B♭ | F

울리는 그대의 뜨거운 목소리 그게 나의 구원이었어 마른 하늘을 -

C

C | F | G | C

달려 나 그대에게 안길수만 있으면 내 몸

Am | D7 | Gsus4 G | F G

부서진대도 좋아 설혹 너무 태양 가까이 -

C | F | G | C

날아 두 다리 모두 녹아 내린다고 해도 내 맘

Am | D7 | G | F G | C

그대 마음 속 으로 영원토록 달려갈거야

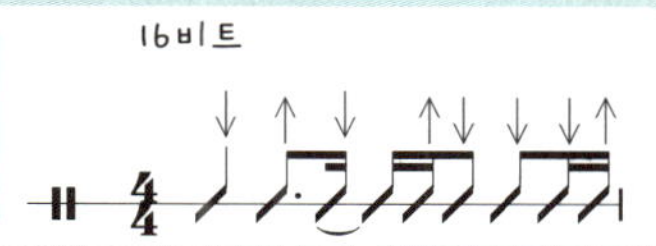

60 개똥 벌레

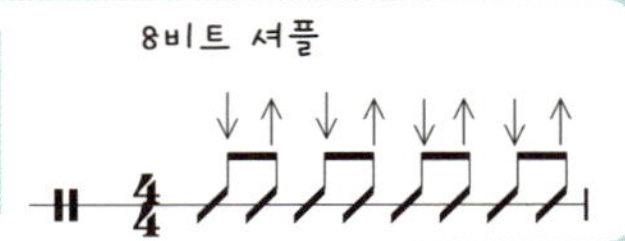

신형원

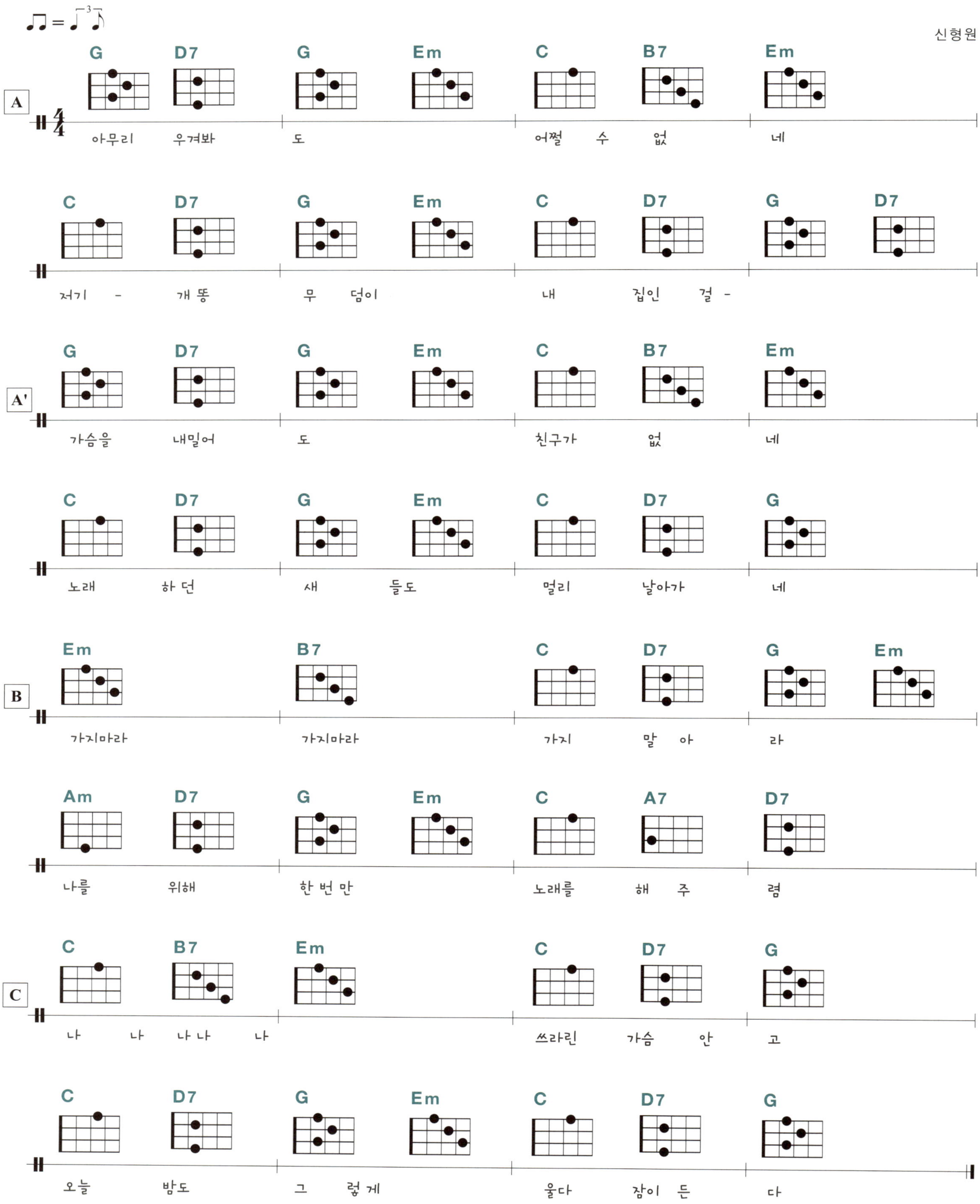

A

| G | D7 | G | Em | C | B7 | Em |

아무리　우겨봐　　도　　　　　어쩔　수　없　　네

| C | D7 | G | Em | C | D7 | G | D7 |

저기 -　개똥　무　덤이　　　내　집인　걸 -

A'

| G | D7 | G | Em | C | B7 | Em |

가슴을　내밀어　　도　　　　　친구가　없　　네

| C | D7 | G | Em | C | D7 | G |

노래　하던　새　들도　　　멀리　날아가　네

B

| Em | B7 | C | D7 | G | Em |

가지마라　　　가지마라　　　가지　말 아　라

| Am | D7 | G | Em | C | A7 | D7 |

나를　위해　한번만　　노래를　해 주　렴

C

| C | B7 | Em | C | D7 | G |

나　나　나나　나　　　쓰라린　가슴 안　고

| C | D7 | G | Em | C | D7 | G |

오늘　밤도　그 렇게　　　울다　잠이 든　다

코드 연습시간 #6

다음과 같은 순서로 코드를 연습해 보세요

B

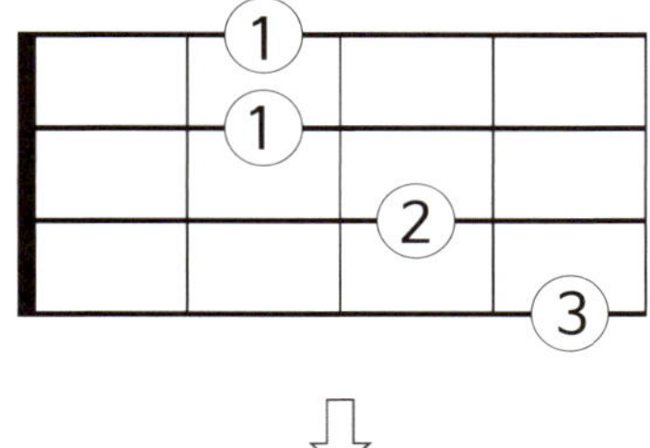

검지를 눕혀 ①번과 ②번 줄을 함께 눌러줍니다.
연습이 필요해요. B♭과 비슷한 모양을 가지고 있습니다.

Bm

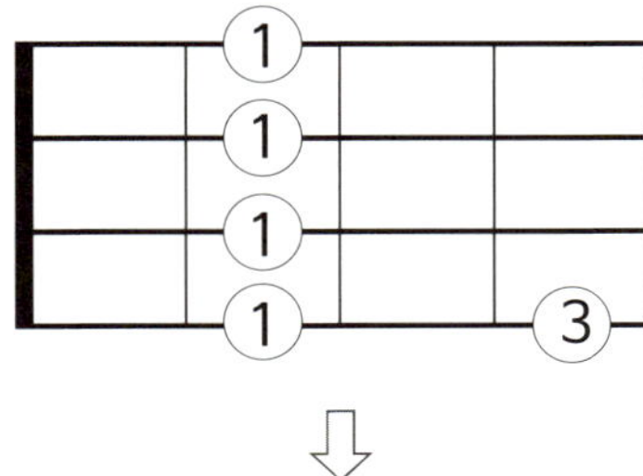

모든 줄을 검지로 누르고 ③을 추가 합니다.

E

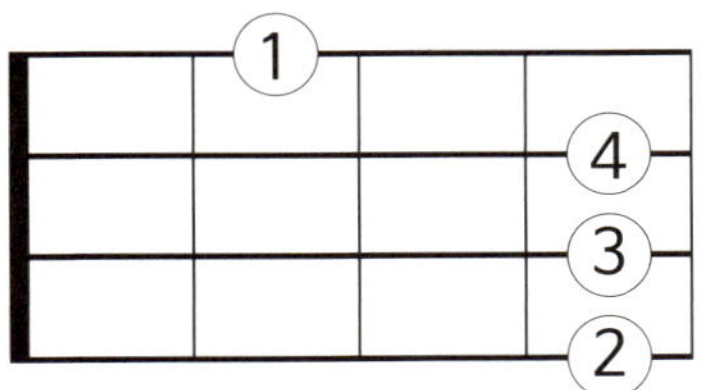

②, ③, ④의 모양이 'D코드' 와 비슷합니다.

얼마 남지 않았어요!

	메이저	마이너	도미넌트 세 븐
	A (○)	Am (○)	A7 (○)
	B (○)	Bm (○)	B7 (○)
	C (○)	Cm (○)	C7 (○)
	D (○)	Dm (○)	D7 (○)
	E (○)	Em (○)	E7 (○)
	F (○)	Fm (○)	F7 (○)
Em7 (○)	G (○)	Gm (○)	G7 (○)

61 럭셔리 버스

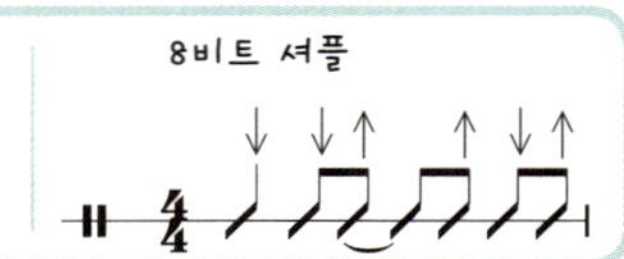

원모어 찬스

A

Bm7　E7　A9　AM7

찌는 듯한 어느 여름　남 인도 에　서 -　내가
나의 황당한 표정　화가 난 모습　뒤로 -　어느

Bm7　E7　A9　AM7

애써 예약해 놓은　멋진 럭셔리　버 - 스　하지만
인도 할머니는 돈이　없어 내려야　했어 -　누군가

Bm7　Dm　C#m7　CM7

그 곳에 갔을 때　내가 만난 건　사 람
에겐 실망 스런 일이 -　누군가에겐 럭셔리한 -　그 래

Bm7　E7　A9

염소 닭이 같이타는　낡아 빠진 시골 버스
내가 탄 버스 럭셔리　버스 맞았어

B

Bm7　E7　A9　F#m

럭 셔리 버스　럭 셔리 버스 부우웅 -

Bm7　E7　F#m　/G#　/A　/C#

함께타고 가는　멋진 순간들　럭

Bm7　E7　A9　F#m

셔리 버스　럭 셔리 버스 부우웅 -　힘든

Bm7　E7　A9

인생은 없어　럭셔리한　경험만 있을 뿐

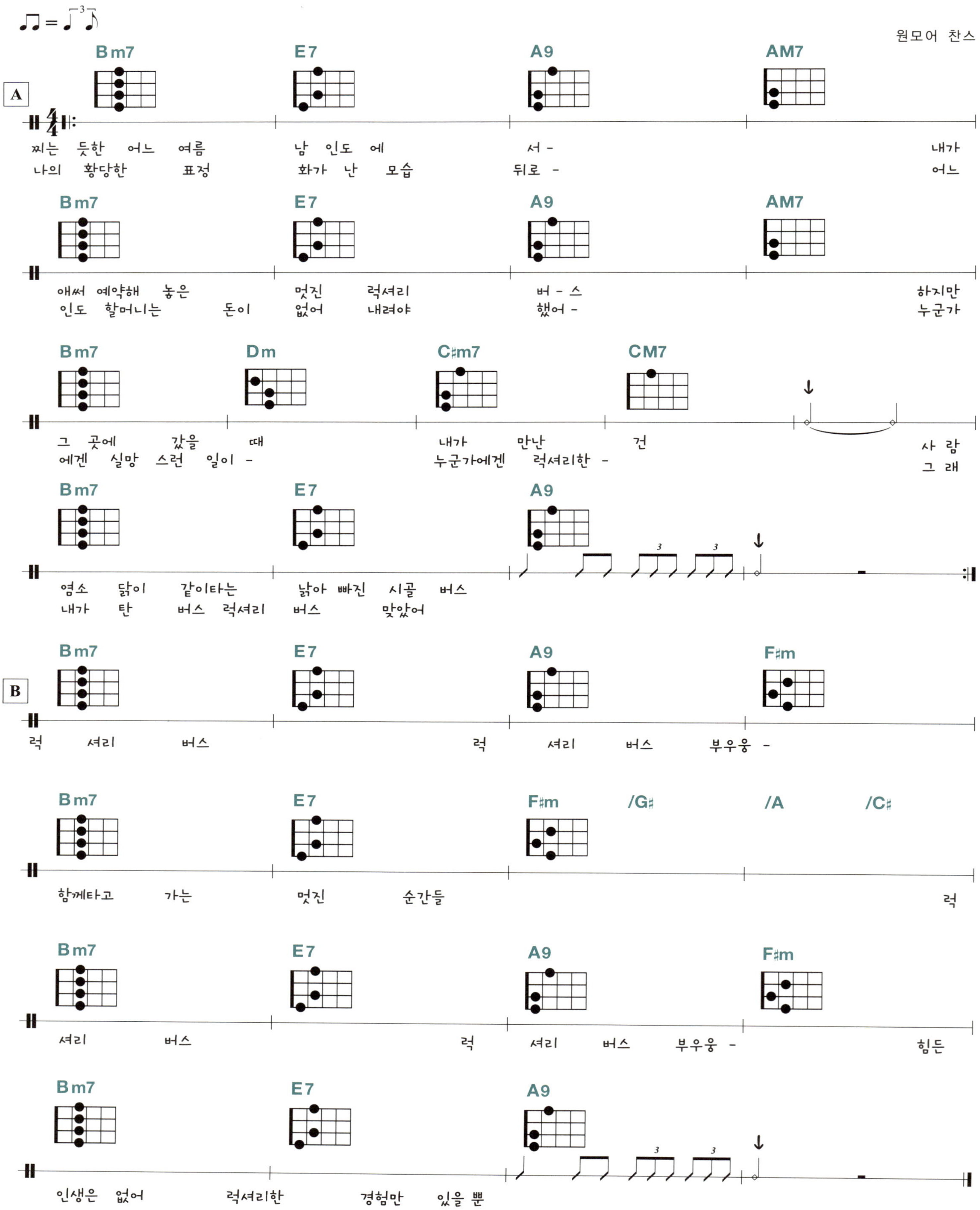

62 말 달리자

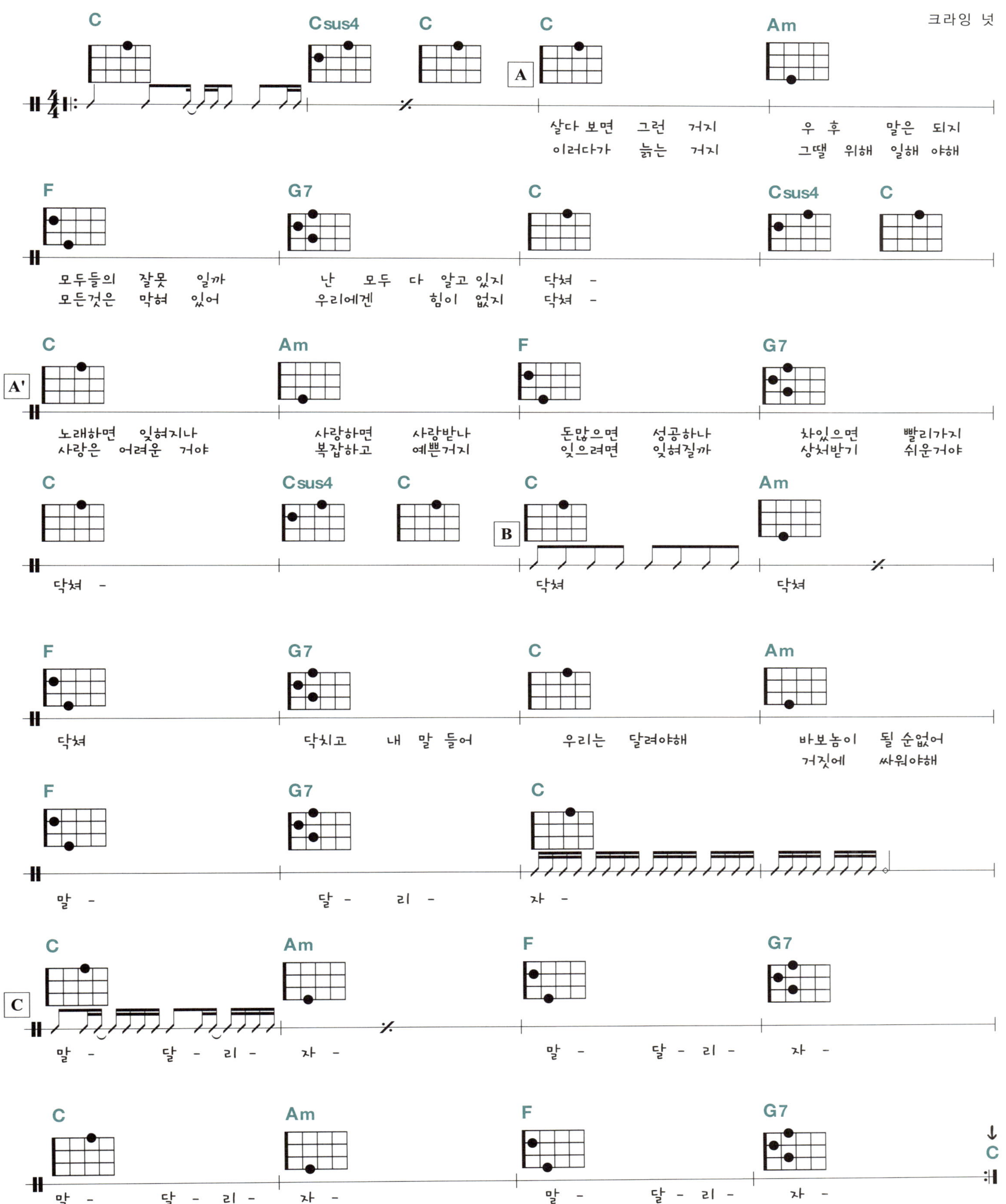
16비트
크라잉 넛

C   Csus4 C   C   Am
살다 보면 그런 거지   우 후 말은 되지
이러다가 늙는 거지   그땔 위해 일해 야해

F   G7   C   Csus4 C
모두들의 잘못 일까   난 모두 다 알고 있지 닥쳐 -
모든것은 막혀 있어   우리에겐 힘이 없지 닥쳐 -

A'
C   Am   F   G7
노래하면 잊혀지나 사랑하면 사랑받나 돈많으면 성공하나 차있으면 빨리가지
사랑은 어려운 거야 복잡하고 예쁜거지 잊으려면 잊혀질까 상처받기 쉬운거야

C   Csus4 C   C   Am
닥쳐 -   닥쳐   닥쳐

F   G7   C   Am
닥쳐   닥치고 내 말 들어   우리는 달려야해   바보놈이 될 순없어
                                          거짓에 싸워야해

F   G7   C
말 -   달 - 리 - 자 -

C
C   Am   F   G7
말 - 달 리 자 -   말 - 달 리 - 자 -

C   Am   F   G7   C
말 - 달 리 - 자 -   말 - 달 리 - 자 -

63 취미는 사랑

8비트 스트레이트

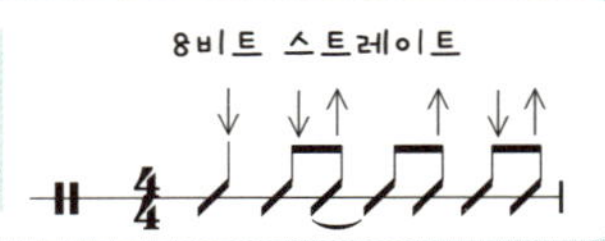

가을방학

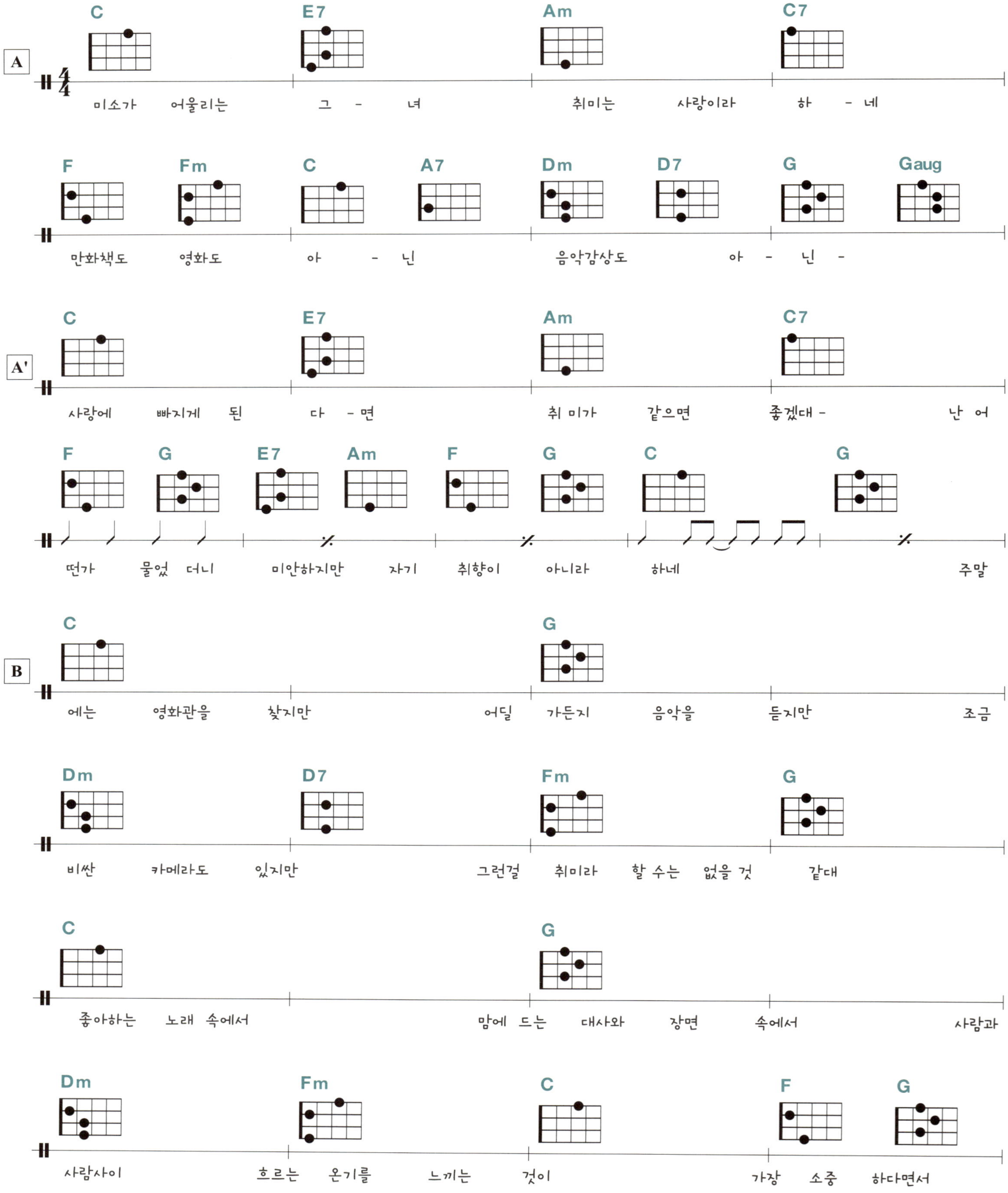
A
C E7 Am C7
미소가 어울리는 그 - 녀 취미는 사랑이라 하 - 네
F Fm C A7 Dm D7 G Gaug
만화책도 영화도 아 - 닌 음악감상도 아 - 닌 -
A'
C E7 Am C7
사랑에 빠지게 된 다 - 면 취 미가 같으면 좋겠대 - 난 어
F G E7 Am F G C G
떤가 물었 더니 미안하지만 자기 취향이 아니라 하네 주말
B
C G
에는 영화관을 찾지만 어딜 가든지 음악을 듣지만 조금
Dm D7 Fm G
비싼 카메라도 있지만 그런걸 취미라 할 수는 없을 것 같대
C G
좋아하는 노래 속에서 맘에 드는 대사와 장면 속에서 사랑과
Dm Fm C F G
사람사이 흐르는 온기를 느끼는 것이 가장 소중 하다면서

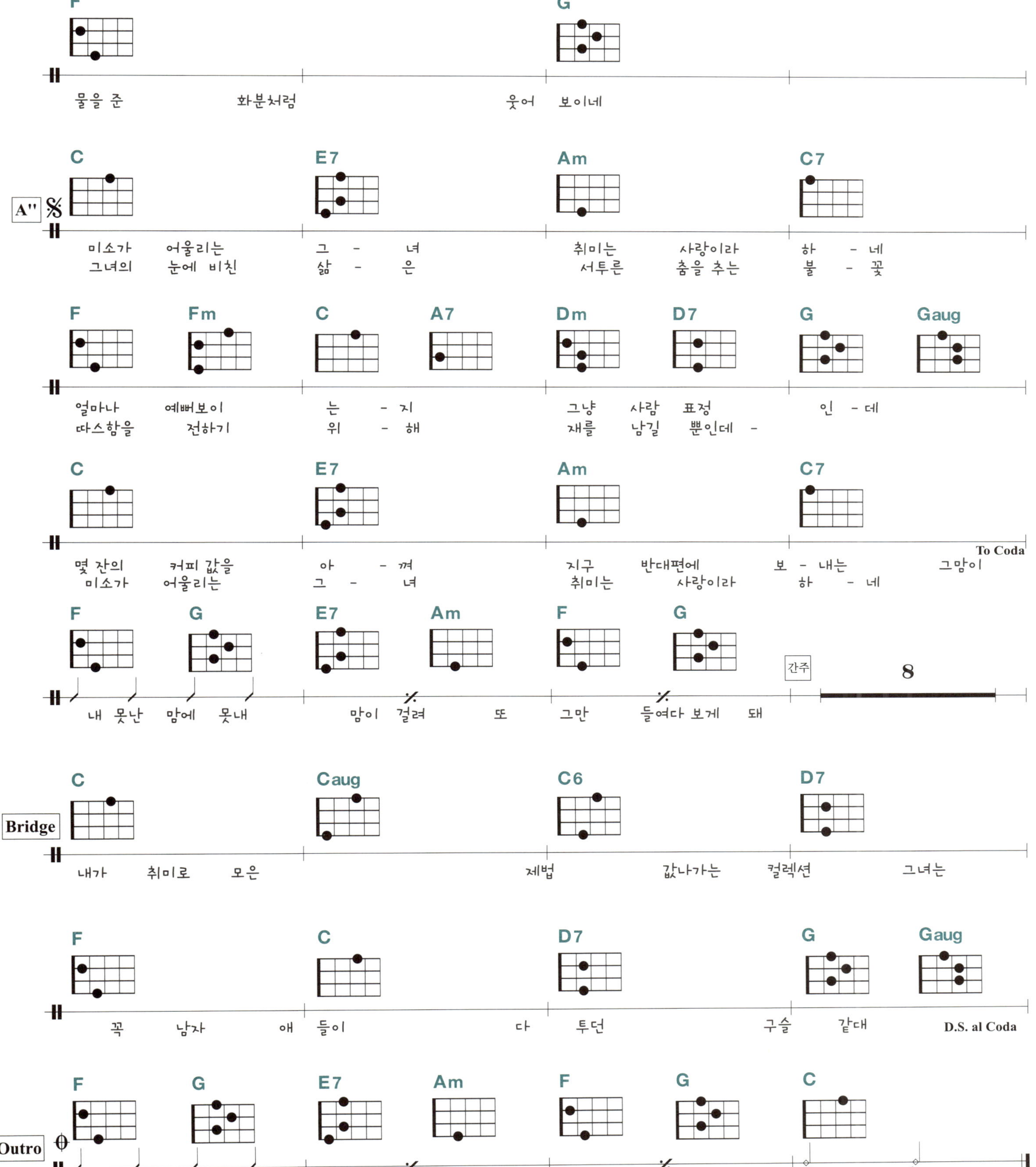
F
G
물을 준   화분처럼   웃어 보이네
A''
C   E7   Am   C7
미소가 어울리는   그 - 녀   취미는 사랑이라   하 - 네
그녀의 눈에 비친   삶 - 은   서투른 춤을 추는   불 - 꽃
F   Fm   C   A7   Dm   D7   G   Gaug
얼마나 예뻐보이   는 - 지   그냥 사랑 표정   인 - 데
따스함을 전하기   위 - 해   재를 남길 뿐인데 -
C   E7   Am   C7
To Coda
몇 잔의 커피 값을   아 - 껴   지구 반대편에   보 - 내는   그맘이
미소가 어울리는   그 - 녀   취미는 사랑이라   하 - 네
F   G   E7   Am   F   G
간주   8
내 못난 맘에 못내   맘이 걸려   또   그만 들여다 보게 돼
Bridge
C   Caug   C6   D7
내가 취미로 모은   제법   값나가는 컬렉션   그녀는
F   C   D7   G   Gaug
꼭 남자 애 들이   다 투던   구슬 같대   D.S. al Coda
Outro
F   G   E7   Am   F   G   C

64 LIKE A STAR

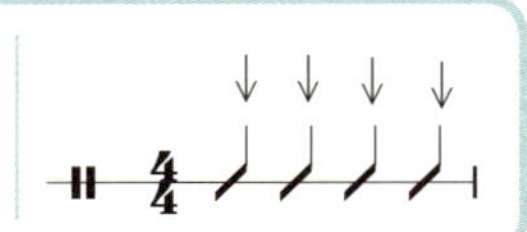

Corinne Bailey Rae

CM7

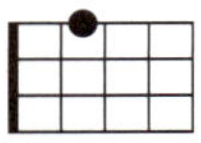

B7

JUST LIKE A STAR ACROSS MY SKY. JUST LIKE AN ANGEL OF THE PAGE YOU HAVE

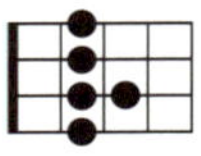

Em

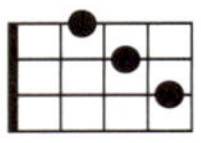

A7

APPEARED TO MY LIFE. FEEL LIKE I'LL NEVER BE THE SAME. JUST LIKE A

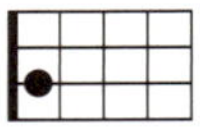

CM7

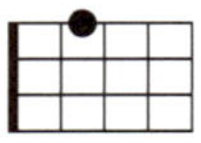

B7

SONG IN MY HEART. JUST LIKE OIL ON MY HANDS OH I DO

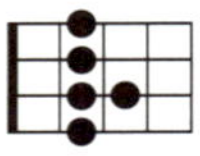

Em

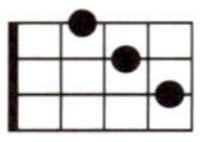

Dm7

G7

LOVE YOU STILL I WONDER WHY

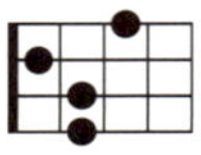

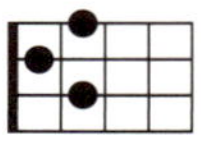

CM7

B7

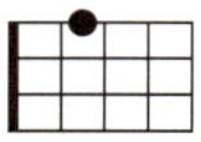

IT IS. I DON'T ARGUE LIKE THIS. WITH ANY-

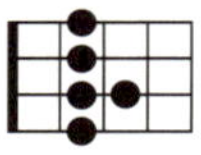

Em

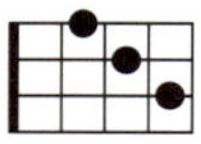

Dm7

G7

ONE BUT YOU WE DO IT ALL THE

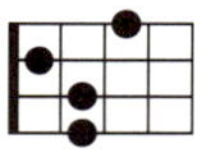

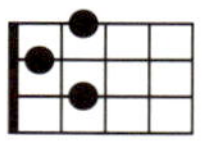

CM7

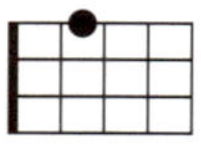

B7

TIME. BLOWING OUT MY MIND.

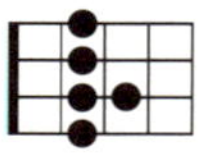

65 알로하

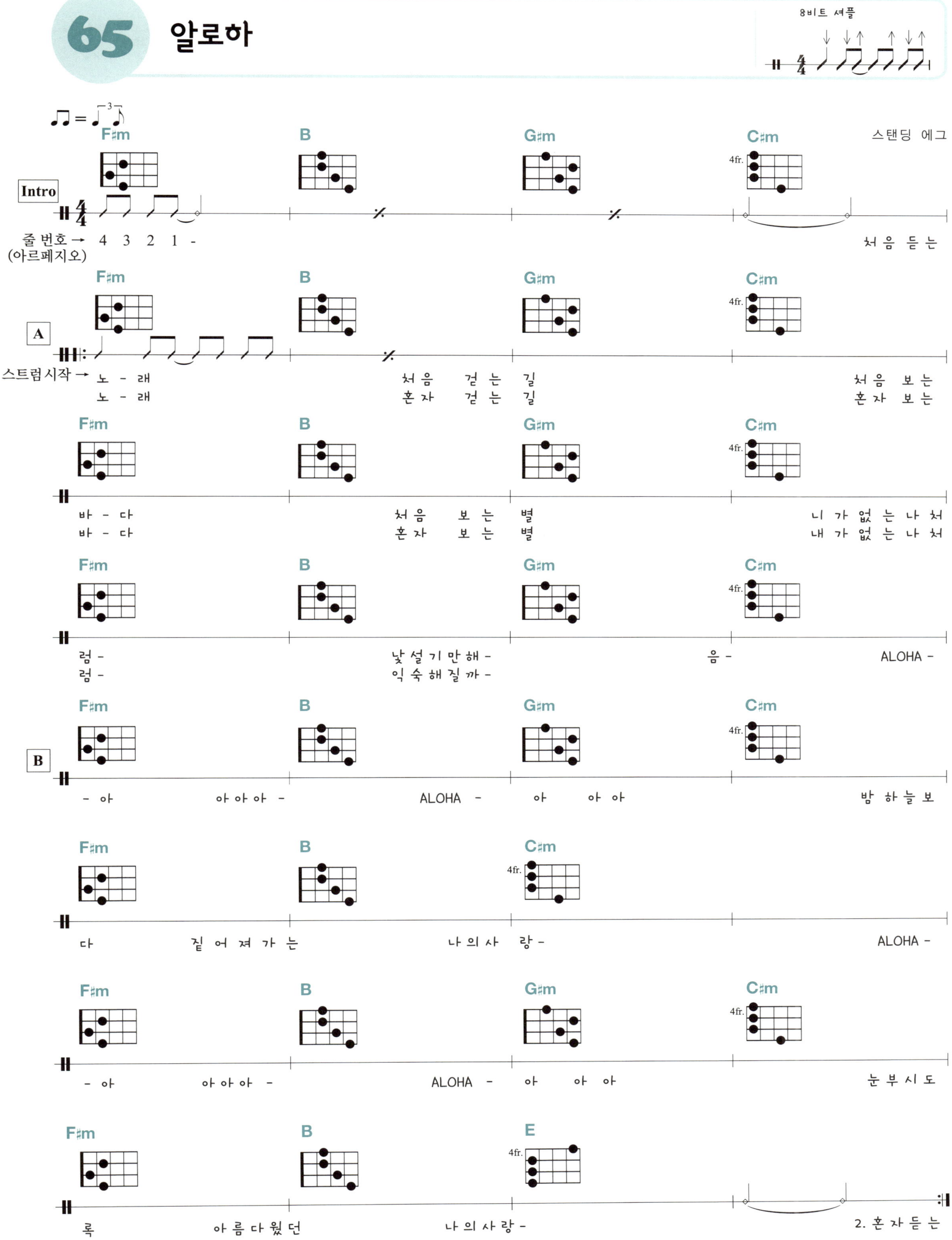

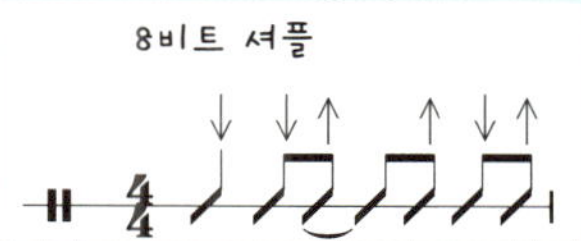

스탠딩 에그

Intro

F#m / B / G#m / C#m

줄번호 → 4 3 2 1 -
(아르페지오)

처음 듣는

A

F#m / B / G#m / C#m

스트럼 시작 → 노 - 래
노 - 래
처음 걷는 길
혼자 걷는 길
처음 보는
혼자 보는

F#m / B / G#m / C#m

바 - 다
바 - 다
처음 보는 별
혼자 보는 별
니 가 없는 나 처
내 가 없는 나 처

F#m / B / G#m / C#m

럼 -
럼 -
낯 설 기 만 해 -
익 숙 해 질 까 -
음 -
ALOHA -

B

F#m / B / G#m / C#m

- 아 아 아 아 -
ALOHA - 아 아 아
밤 하 늘 보

F#m / B / C#m

다 짙 어 져 가 는
나 의 사 랑 -
ALOHA -

F#m / B / G#m / C#m

- 아 아 아 아 -
ALOHA - 아 아 아
눈 부 시 도

F#m / B / E

록
아 름 다 웠 던
나 의 사 랑 -
2. 혼 자 듣 는

66 빗방울보

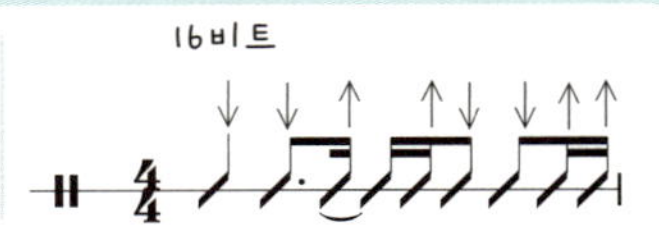

줄리아 하트

A

F	Gm	C	F
텅 빈 거릴 혼자	걸 어 간 다	어 떤 날을 듣는	다

F	Gm	C	F
닫 힌 가게 문들	이 - 보 인 다	금 방 돌아오겠	음

B

F	Gm	C	F
너 를 기 다 리 는 동 안	너 무 많 이	너 - 무 많이 않았	다

F	Gm	C	F
이 제 내가 보낸	편 지 들 이	쏟 아 져 내 리 기 시작 – 해	

C 𝄋

F	Gm	C	F
시 간 속에 녹아	드 는 소 리	변 치 않 는것 이 라 곤	없 – 었다
시 간 속에 녹아	드 는 소 리	변 치 않 는것 이 라 곤	없 – 었다

F	Gm	C	F
소 리 속에 녹아	드 는 시 간	변 치 않 는것 이 라 곤	없 – 었다
소 리 속에 녹아	드 는 시 간	변 치 않 는것 이 라 곤	없 – 었다

Fine 바 보

D

F	Gm	C	F
처 럼 어느새 온통 젖어	버 – 렸어	눈 앞이 뿌 옇 게 흐 려 져 서 야 알 았 어 –	

미 쳐

F	Gm	C	F
헤 아 릴 새 도 없 는	감 정 만 넘 – 쳐	그 렇 게 언 제 까 지 나 그 치 질 않았 – 어	

D.S. al Fine

67 LOVE OF MY LIFE

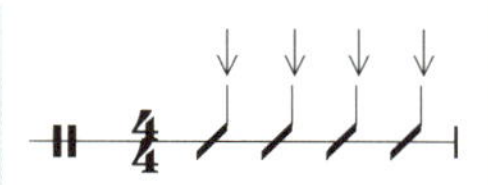

Queen

A

C — Am — Dm — G7

LOVE OF MY LIFE- YOU HURT ME YOU'VE BROKEN MY HEART- AND NOW YOU LEAVE ME
LOVE OF MY LIFE- DON'T LEAVE ME YOU'VE STOLEN MY LOVE- AND NOW DE - SERT ME

C — C7 — F — Dm — Am — B♭ — F

LOVE OF MY LIFE- CAN'T YOU SEE- BRING IT BACK. BRING IT BACK. DON'T TAKE IT AWAY FROM ME BE-
LOVE OF MY LIFE- CAN'T YOU SEE- BRING IT BACK. BRING IT BACK. DON'T TAKE IT AWAY FROM ME BE-

B♭ — Am — Dm — Gm — C — F — G7

To Coda / D.S. al Coda

CAUSE YOU DON'T KNOW- WHAT IT MEANS TO ME-
CAUSE YOU DON'T KNOW- WHAT IT MEANS TO ME-

B

Dm — Am — B♭ — F — Am

YOU WILL REMEM-BER WHEN THIS IS BLOWN O-VER AND EVERYTHING S ALL BY THE WAY

Dm — Am — D7 — Gm

WHEN I GROW OLDER I WILL BE THERE AT YOUR SIDE TO REMIND YOU HOW I STILL LOVE YOU

C — C7 — F — F — Bdim7 — C — C7

(I STILL LOVE YOU-)

C

Dm — Am — B♭ — F — B♭ — Am — Dm — Gm — C

BACK HURRY BACK PLEASE BRING IT BACK HOME TO ME BECAUSE YOU DON'T KNOW WHAT IT MEANS TO

F — Dm — Am — Gm — B♭m — F

ME - LOVE OF MY LIFE LOVE OF MY LIFE

68 고백

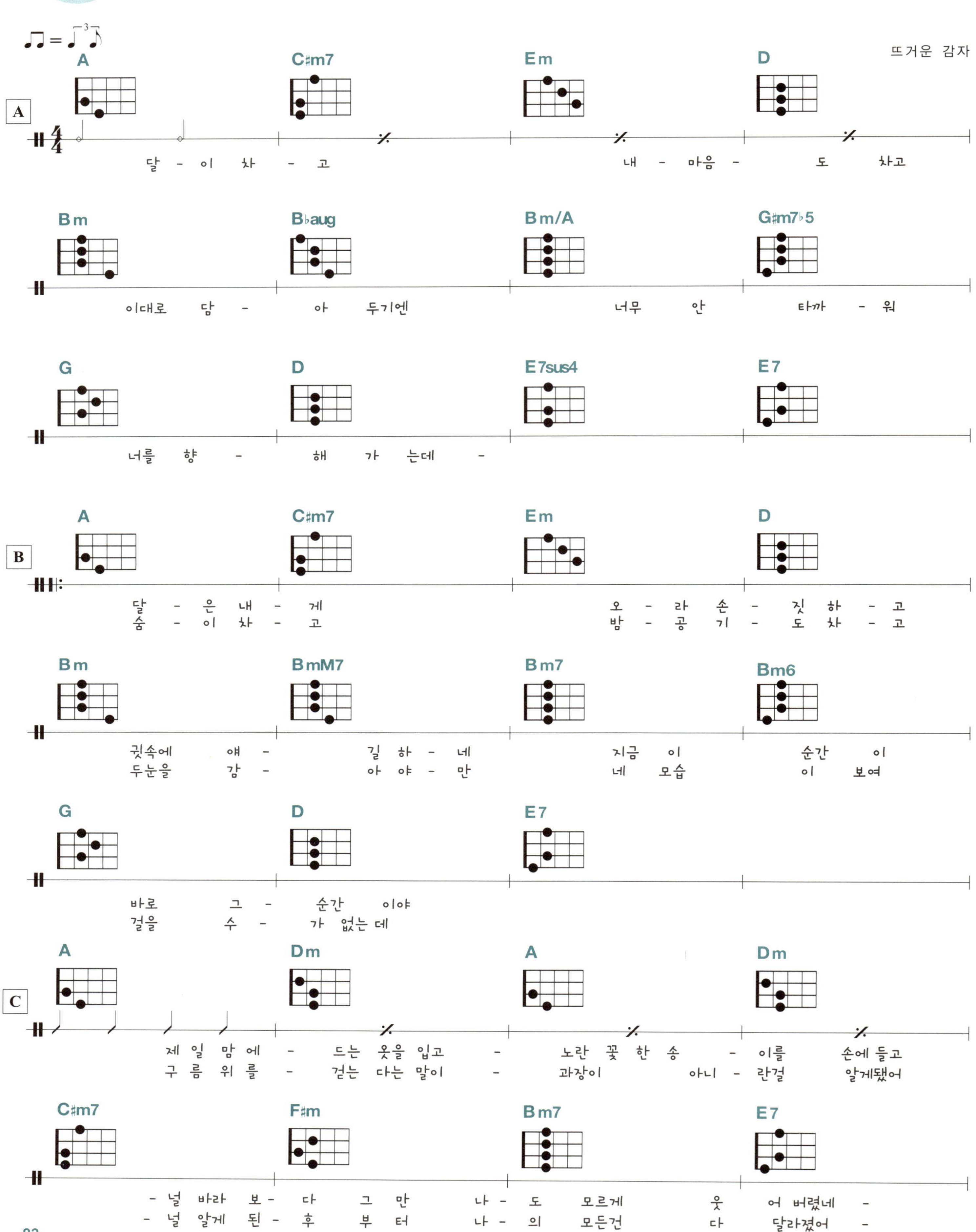
뜨거운 감자

A
A C#m7 Em D
달 - 이 차 - 고   내 - 마음 - 도 차고

Bm B♭aug Bm/A G#m7♭5
이대로 담 - 아 두기엔   너무 안   타까 - 워

G D E7sus4 E7
너를 향 - 해 가 는데 -

B
A C#m7 Em D
달 - 은 내 - 게   오 - 라 손 - 짓 하 - 고
숨 - 이 차 - 고   밤 - 공 기 - 도 차 - 고

Bm BmM7 Bm7 Bm6
귓속에 얘 - 길 하 - 네   지금 이   순간 이
두눈을 감 - 아 야 - 만   네 모습   이 보여

G D E7
바로   그 - 순간 이야
걸을   수 - 가 없는 데

C
A Dm A Dm
제 일 맘에 - 드는 옷을 입고 -   노란 꽃 한 송 - 이를   손에 들고
구 름 위를 - 걷는 다는 말이 -   과장이   아니 - 란걸   알게됐어

C#m7 F#m Bm7 E7
- 널 바라 보 - 다 그 만   나 - 도 모르게   웃 어 버렸네 -
- 널 알게 된 - 후 부 터   나 - 의 모든건   다 달라졌어 -

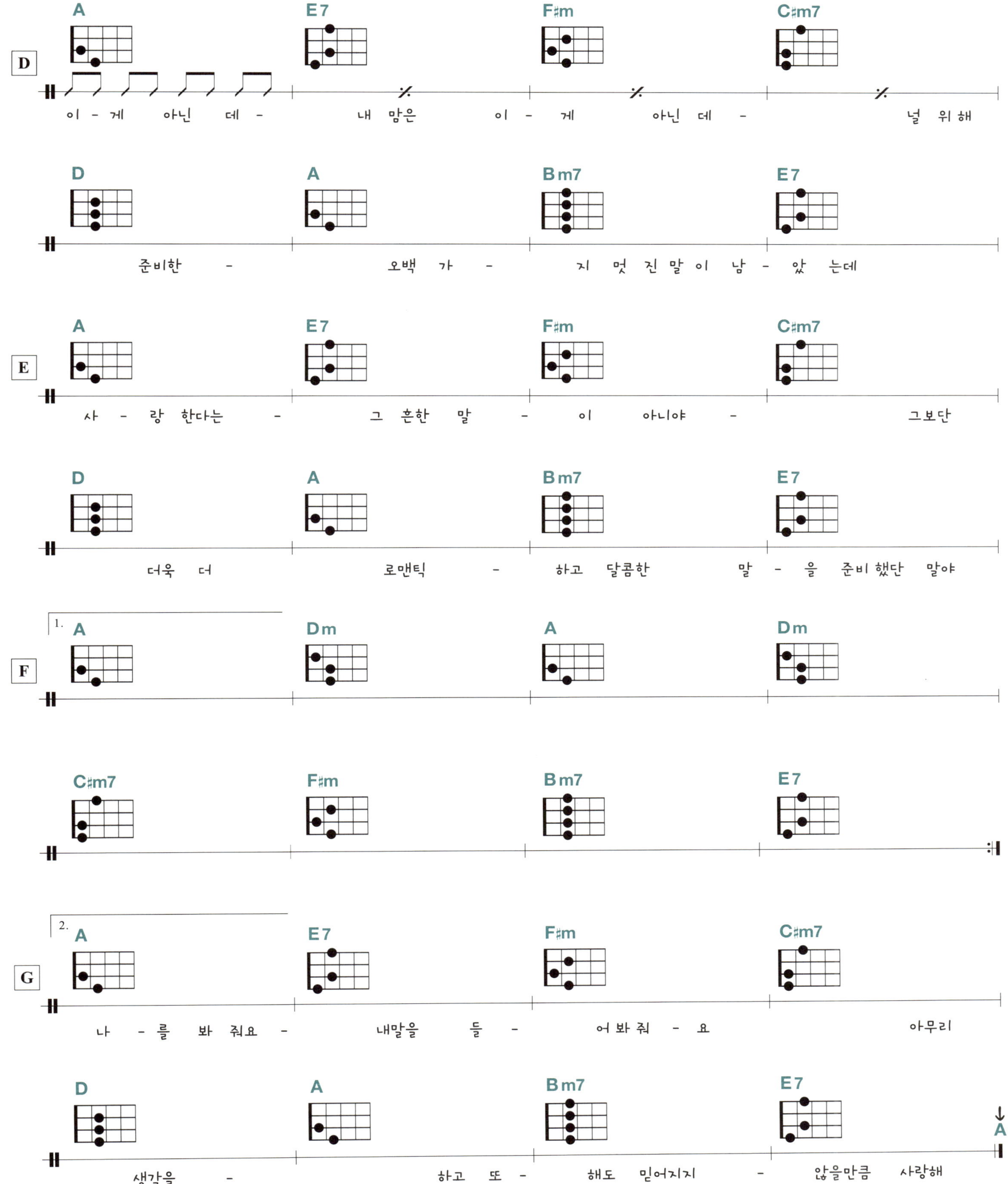

D
A   E7   F#m   C#m7
이 - 게 아닌 데 -   내 맘은 이 - 게 아닌 데 -   널 위해

D   A   Bm7   E7
준비한 -   오백 가 -   지 멋진 말이 남 - 았 는데

E
A   E7   F#m   C#m7
사 - 랑 한다는 -   그 흔한 말 -   이 아니야 -   그보단

D   A   Bm7   E7
더욱 더   로맨틱 -   하고 달콤한   말 - 을 준비 했단 말야

F
1.
A   Dm   A   Dm

C#m7   F#m   Bm7   E7

G
2.
A   E7   F#m   C#m7
나 - 를 봐 줘요 -   내말을 들 -   어봐줘 - 요   아무리

D   A   Bm7   E7
생각을 -   하고 또 -   해도 믿어지지 -   않을만큼 사랑해

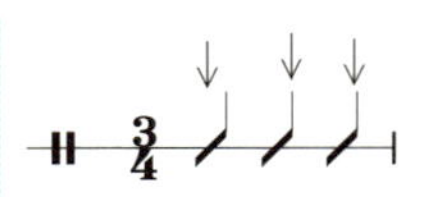

강아솔

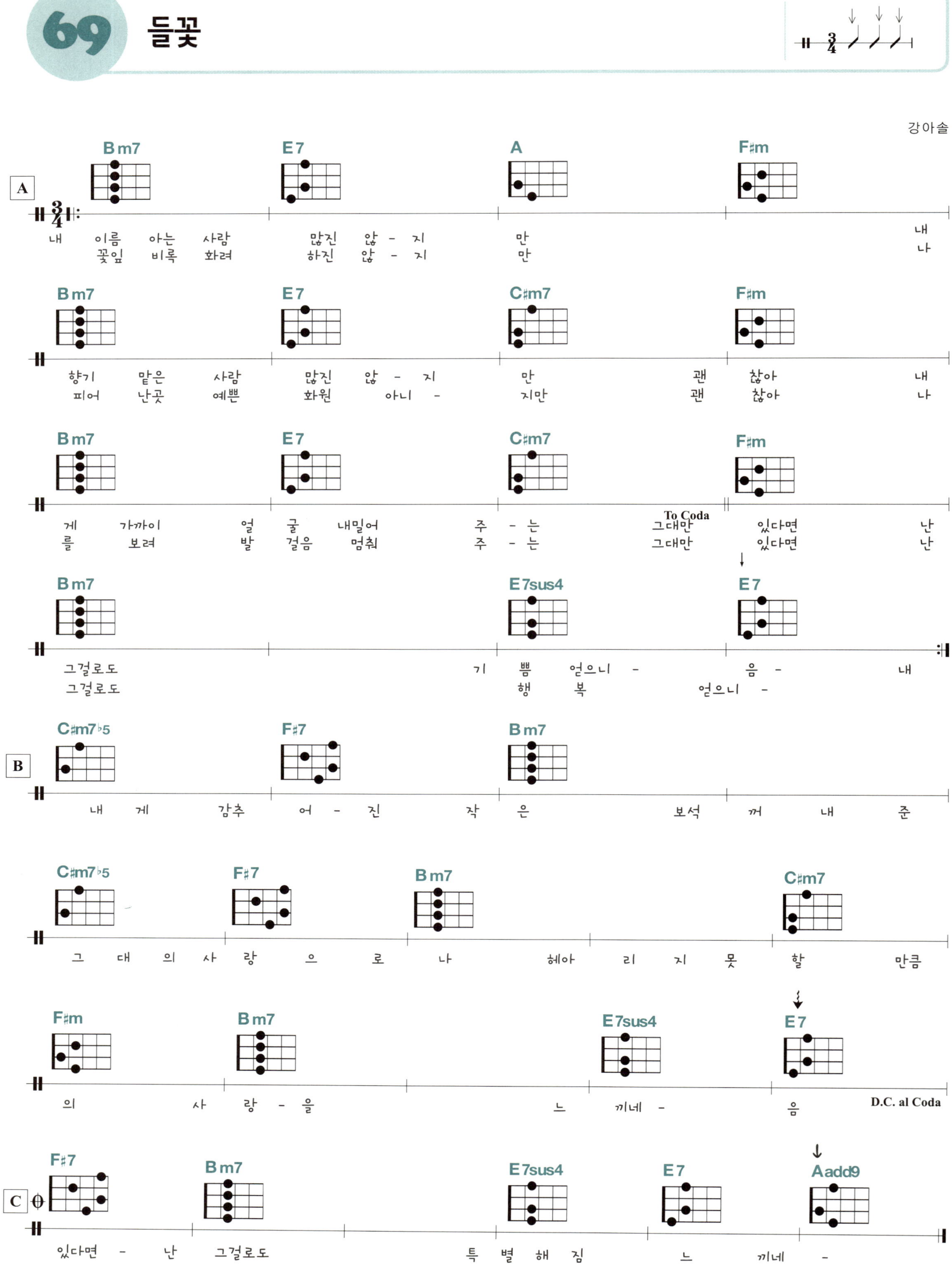

A

3/4

Bm7 · E7 · A · F#m

내 이름 아는 사람 많진 않 - 지 만 내
꽃잎 비록 화려 하진 않 - 지 만 나

Bm7 · E7 · C#m7 · F#m

향기 맑은 사람 많진 않 - 지 만 괜 찮아 내
피어 난곳 예쁜 화원 아니 - 지만 괜 찮아 나

Bm7 · E7 · C#m7 · F#m

게 가까이 얼 굴 내밀어 주 - 는 그대만 있다면 난
를 보려 발 걸음 멈춰 주 - 는 그대만 있다면 난

To Coda

Bm7 · E7sus4 · E7

그걸로도 기 쁨 얻으니 - 음 - 내
그걸로도 행 복 얻으니 -

B

C#m7♭5 · F#7 · Bm7

내 게 감추 어 - 진 작 은 보석 꺼 내 준

C#m7♭5 · F#7 · Bm7 · C#m7

그 대 의 사 랑 으 로 나 헤아 리 지 못 할 만큼

F#m · Bm7 · E7sus4 · E7

의 사 랑 - 을 느 끼네 - 음

D.C. al Coda

C

F#7 · Bm7 · E7sus4 · E7 · Aadd9

있다면 - 난 그걸로도 특 별 해 짐 느 끼네 -

 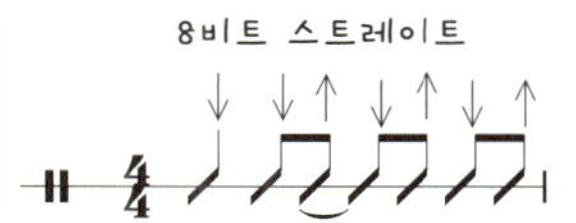

70 WAKE ME UP, WHEN SEPTEMBER END

Green Day

A

G	GM7	G7	G6
SUMMER HAS	COME AND PASSED	THE INNOCENT CAN	NEVER LAST

C	Cm	G	G
WAKE ME UP –	WHEN SEPTEMBER	ENDS.	

A'

G	GM7	G7	G6
LIKE MY FATHER'S	COME TO PASS.	SEVEN YEARS	HAS GONE SO FAST

C	Cm	G	G
WAKE ME UP –	WHEN SEPTEMBER	ENDS.	

B

Em	D	C	G
HERE COMES THE	RAIN AGAIN	FALLING FROM THE	STARS.

Em	D	C	D
DRENCHED IN MY	PAIN AGAIN	BE – COMING WHO	WE ARE

A"

G	GM7	G7	G6
AS MY MEMORY	RESTS – BUT	NEVER FORGETS	WHAT I LOST

C	Cm	G	G
WAKE ME UP –	WHEN SEPTEMBER	ENDS.	

71 월량대표아적심

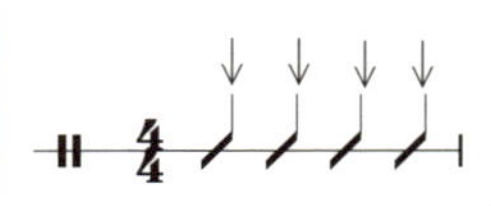

Intro

C	Am	F	G

A

C	Em	F	C

Am	F	1. D	G

2. D7	G	C	C (B %)	Em

Dm	G	C	C	Em

D7	G7	C (A')	Em

F	C	Am	F

D	G	C	G	C

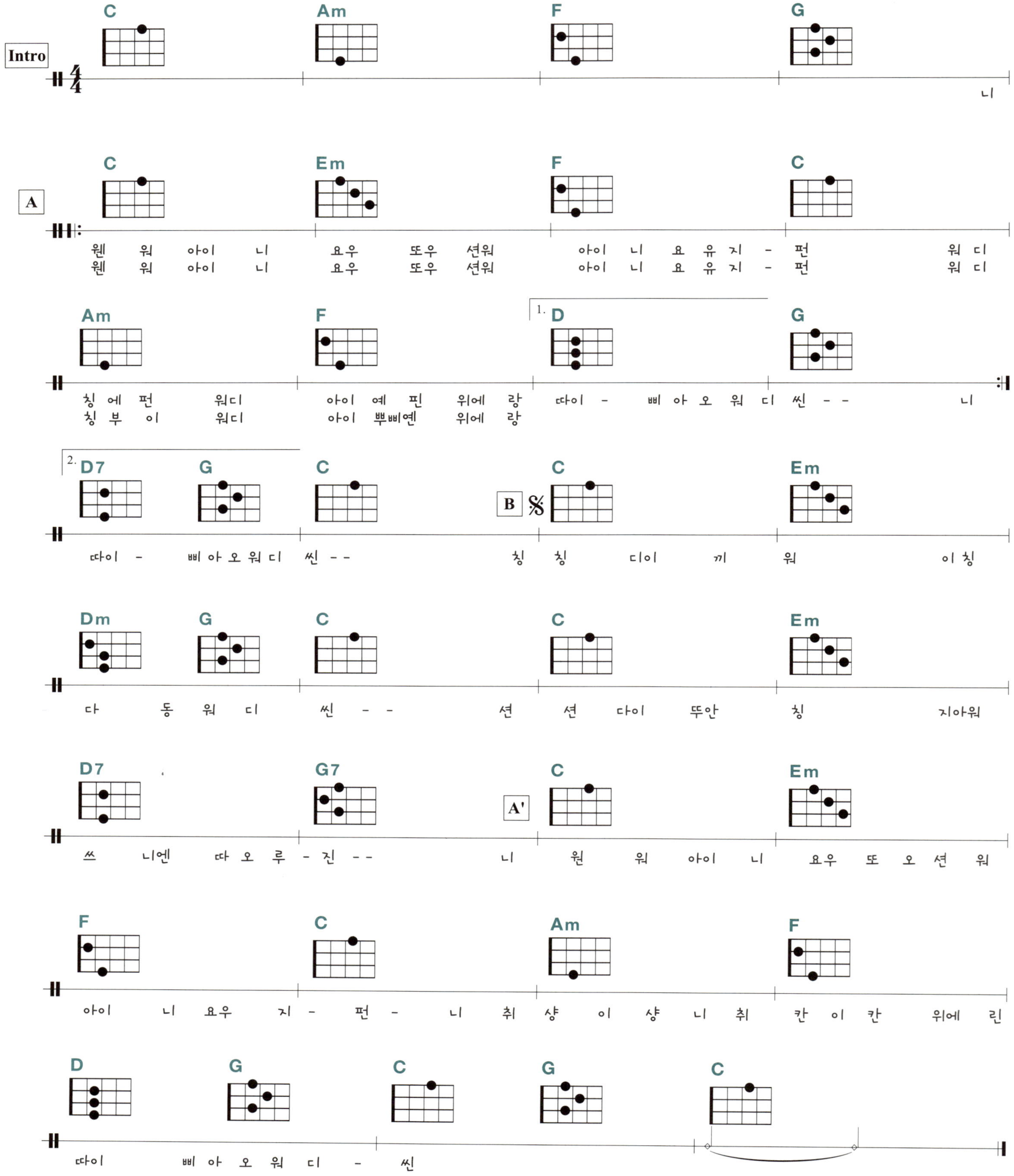

PUT YOUR RECORDS ON

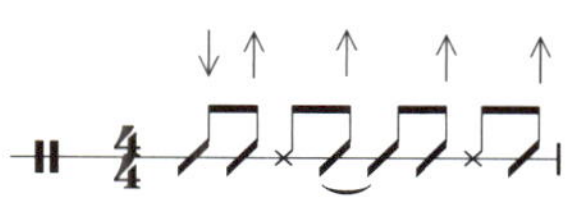

Corinne Bailey Rae

Intro

| A | F#m6 | D6 | A |

A

| A | F#m6 | D6 | E7 | A |

THREE LITTLE BIRDS. SAT ON MY WINDOW. THEY TOLD ME I DON'T NEED TO WORRY.

| A | F#m6 | D6 | E7 | A |

SUMMER CAME LIKE CINNAMON. SO SWEET LITTLE GIRLS DOUBLE DUTCH ON THE CONCRETE.

B

| F#m | C#7 | A | B7 |

MAYBE SOMETIME. WE'VE GOT IT WRONG. BUT IT'S ALRIGHT.

| DM7 | Dm |

THE MORE THINGS SEEM TO CHANGE. THE MORE THEY STAY THE SAME ((OH) DON'T YOU HESITATE)

C

| A | F#m6 | D6 | E7 | A |

GIRL PUT YOUR RECORDS ON. TELL ME YOUR FAVOURITE SONG. YOU GO AHEAD LET YOUR HAIR DOWN.

| A | F#m6 | D6 | E7 | A |

SAPPIHIRE AND FADED AND JEANS. I HOPE YOU GET YOUR DREAMS. JUST GO AHEAD LET YOUR HAIR DOWN.

| DM7 | Dm |

YOU'RE GONNA FIND YOURSELF SOMEWHERE. SOMEHOW.

73 TONIGHT, YOU BELONG TO ME

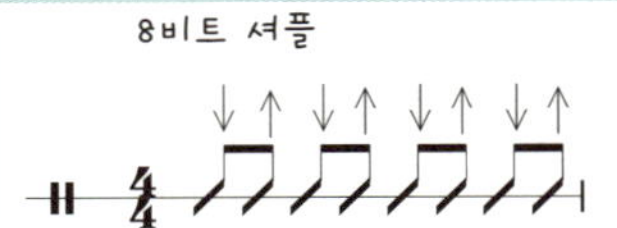

Jerk O.S.T

A

| G | G7 | CM7 | C6 | Cm6 |

| G | D7 | G | D7 |

A'

| G | G7 | CM7 | C6 | Cm6 |

| G | D7 | G | G | D7 |

B

| Cm6 |

| G | F9 | E9 | E7 | A7 | D7 (5fr.) |

A''

| G | G7 | CM7 | C6 | Cm6 |

| G | D7 | G | G |

74 SOMEWHERE OVER THE RAINBOW

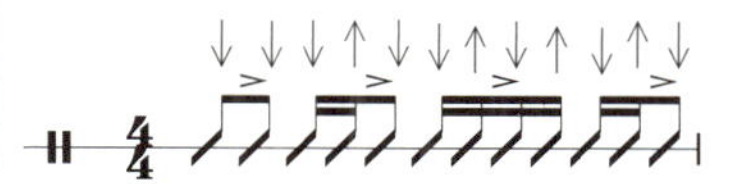

오즈의 마법사 삽입곡

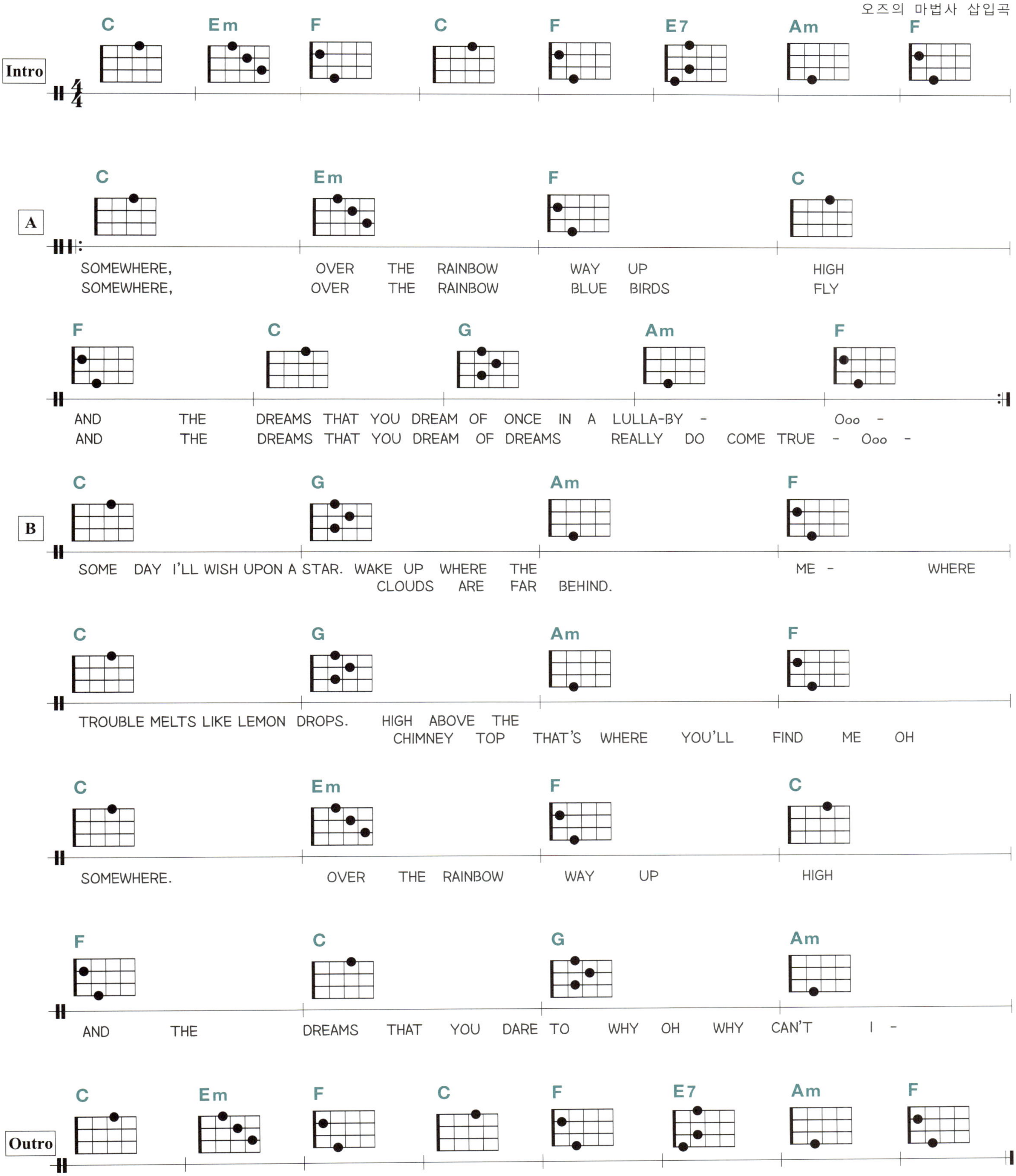

Intro — C | Em | F | C | F | E7 | Am | F

A

C	Em	F	C
SOMEWHERE,	OVER THE RAINBOW	WAY UP	HIGH
SOMEWHERE,	OVER THE RAINBOW	BLUE BIRDS	FLY

F	C	G	Am	F
AND THE	DREAMS THAT YOU DREAM OF ONCE IN A		LULLA-BY –	Ooo –
AND THE	DREAMS THAT YOU DREAM OF DREAMS		REALLY DO COME TRUE –	Ooo –

B

C	G	Am	F
SOME DAY I'LL WISH UPON A STAR. WAKE UP WHERE THE	CLOUDS ARE FAR BEHIND.		ME – WHERE

C	G	Am	F
TROUBLE MELTS LIKE LEMON DROPS. HIGH ABOVE THE	CHIMNEY TOP THAT'S WHERE YOU'LL		FIND ME OH

C	Em	F	C
SOMEWHERE.	OVER THE RAINBOW	WAY UP	HIGH

F	C	G	Am
AND THE	DREAMS THAT YOU DARE TO	WHY OH WHY	CAN'T I –

Outro — C | Em | F | C | F | E7 | Am | F

75 OFFICIALLY MISSING YOU

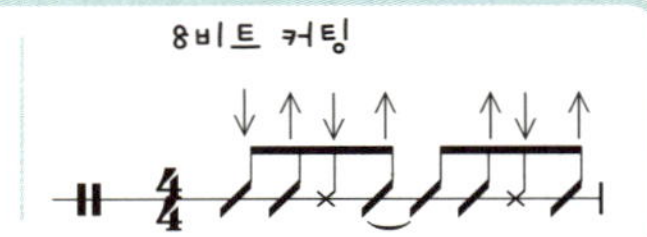

A

GM7	F#m7	B7

ALL I HEAR IS RAINDROPS.   FALLING   ON   THE   ROOF   TOP

Em7	Dm7	G7

OH   BABY   TELL   ME   WHY'D   YOU   HAVE   TO   GO   CAUSE   THIS   PAIN

CM7	Bm7	Em7

I   FEEL   IT   WON'T   GO   AWAY,   AND   TODAY

Am	D7sus4

I'M   OFFICIALLY   MISSING   YOU

B

GM7	F#m7	B7

OH –   CAN'T   NOBODY   DO   IT   LIKE

Em7	Dm7	G7

YOU   SAID   EVERY   LITTLE   THING   YOU   DO

CM7	Bm7	Em

HEY   BABY   SAY   IT   STAYS   ON   MY   MIND   AND   I

Am	D7sus4

–   I'M   OFFICIALLY –

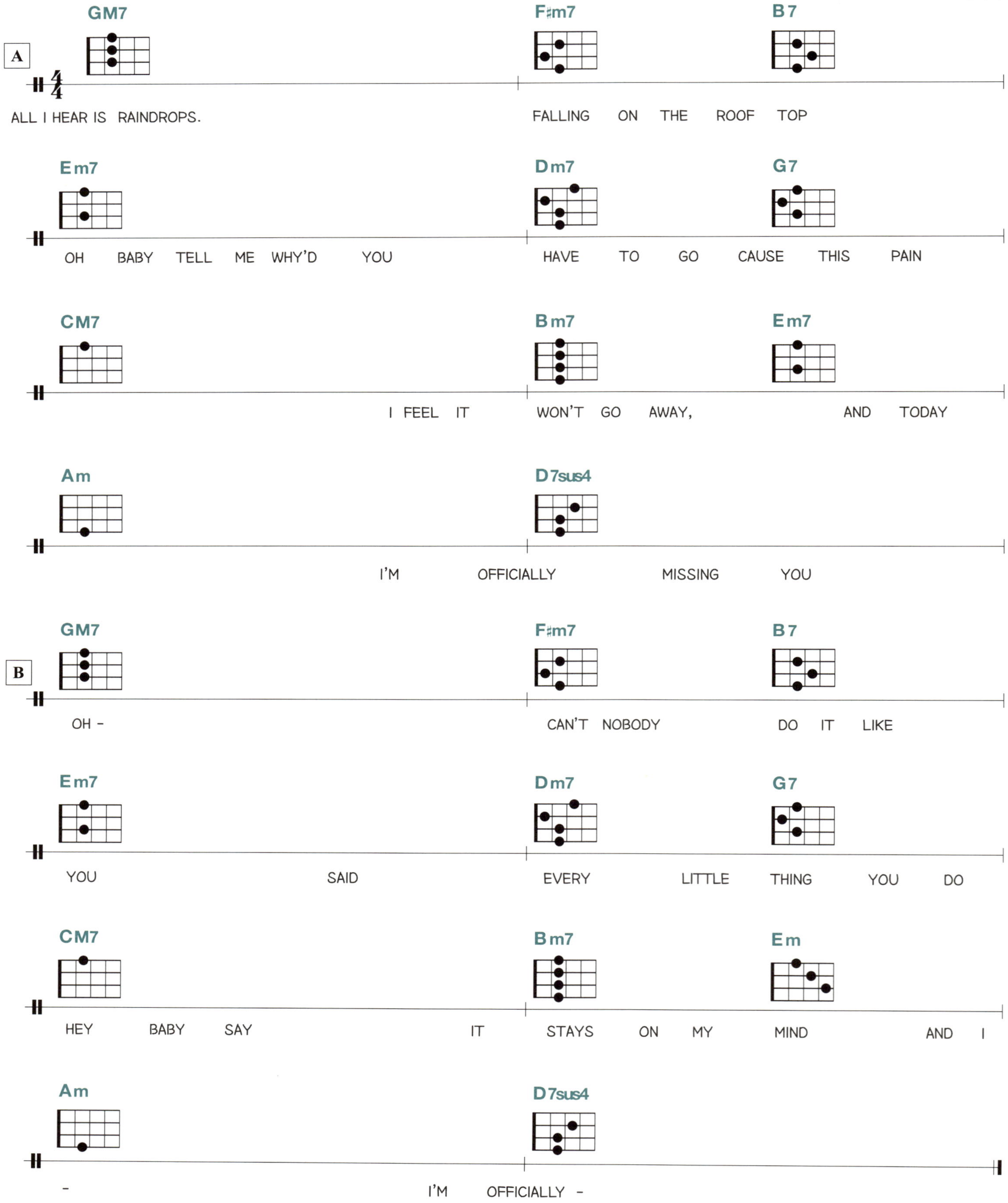

HAPPY BIRTHDAY TO YOU

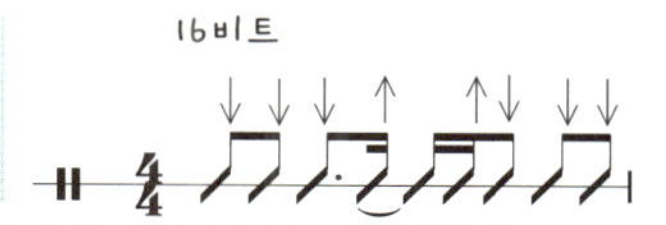

권진원

A

| D | Fdim | Em7 | A7 | D | D7 | G | B7 |

이 슬비가 내리는 오늘 은 　 사 랑하는 그대의 생일 날 　 온

| Em7 | Gm7 | F#m7 | B7 | Em7 | A7 |

종일 　 난 그대를 　 생각하면 서 　 무 엇을 할까 고민 했죠 　 난

A'

| D | Fdim | Em7 | A | D | D7 | G | B7 |

가까운 　 책방에 들러서 　 예 쁜 시집에 내맘 담았죠 　 그

| Em7 | Gm7 | F#m7 | B7 | Em7 | A7 | D |

다음엔 　 근처 꽃 　 집으로 가서 　 빨 간 장미 한 송일 샀 죠 　 내려오

B

| GM7 | A7 | F#m7 | Bm7 | Em7 | A7 | D |

는 　 비를 맞으며 　 그대에게 가는 　 길 너무 상쾌해 　 품속에

| Gm7 | C7 | Am7 | Dm7 | G7 | C7 |

는 　 장미 한송이 　 책 한권과 　 그 댈 위한 　 깊은 내 사랑 　 아

A''

| F | Abdim | Gm7 | C7 | F | F7 | Bb | D7 |

름다운 　 그대를 만난건 　 하 나님께 감사드릴 　 우 　 연 작은

| Gm7 | Bbm7 | Am7 | D7 | Gm7 | C7 | F |

내 맘 　 알아 주는 그 대가 있기에 　 이 세상이 난 행 복 해

77 여행을 떠나요

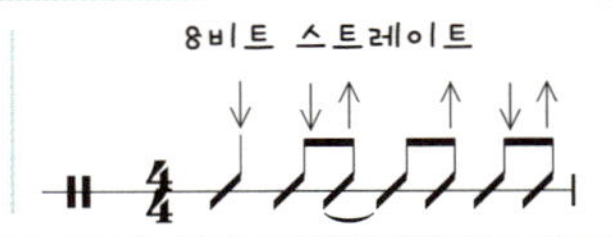

조용필

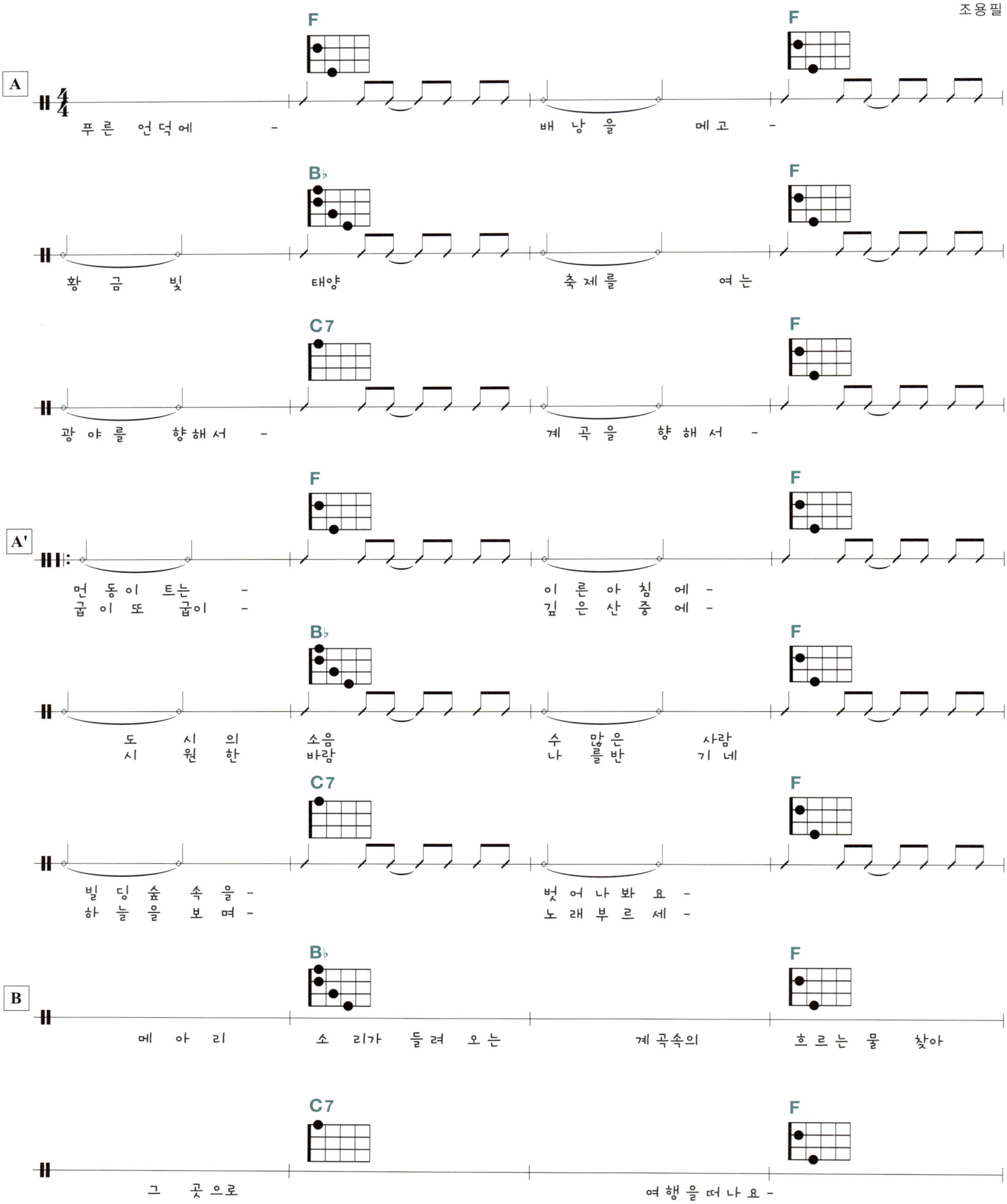

A

F / F
푸른 언덕에 - / 배낭을 메고 -

B♭ / F
황금빛 태양 / 축제를 여는

C7 / F
광야를 향해서 - / 계곡을 향해서 -

A'

F / F
먼동이 트는 - / 이른 아침에 -
굽이 또 굽이 - / 깊은 산중에 -

B♭ / F
도시의 소음 / 수 많은 사람
시원한 바람 / 나를반 기네

C7 / F
빌딩숲 속을- / 벗어나봐요 -
하늘을 보며- / 노래부르세 -

B

B♭ / F
메아리 소리가 들려오는 / 계곡속의 흐르는물 찾아

C7 / F
그 곳으로 / 여행을떠나요 -

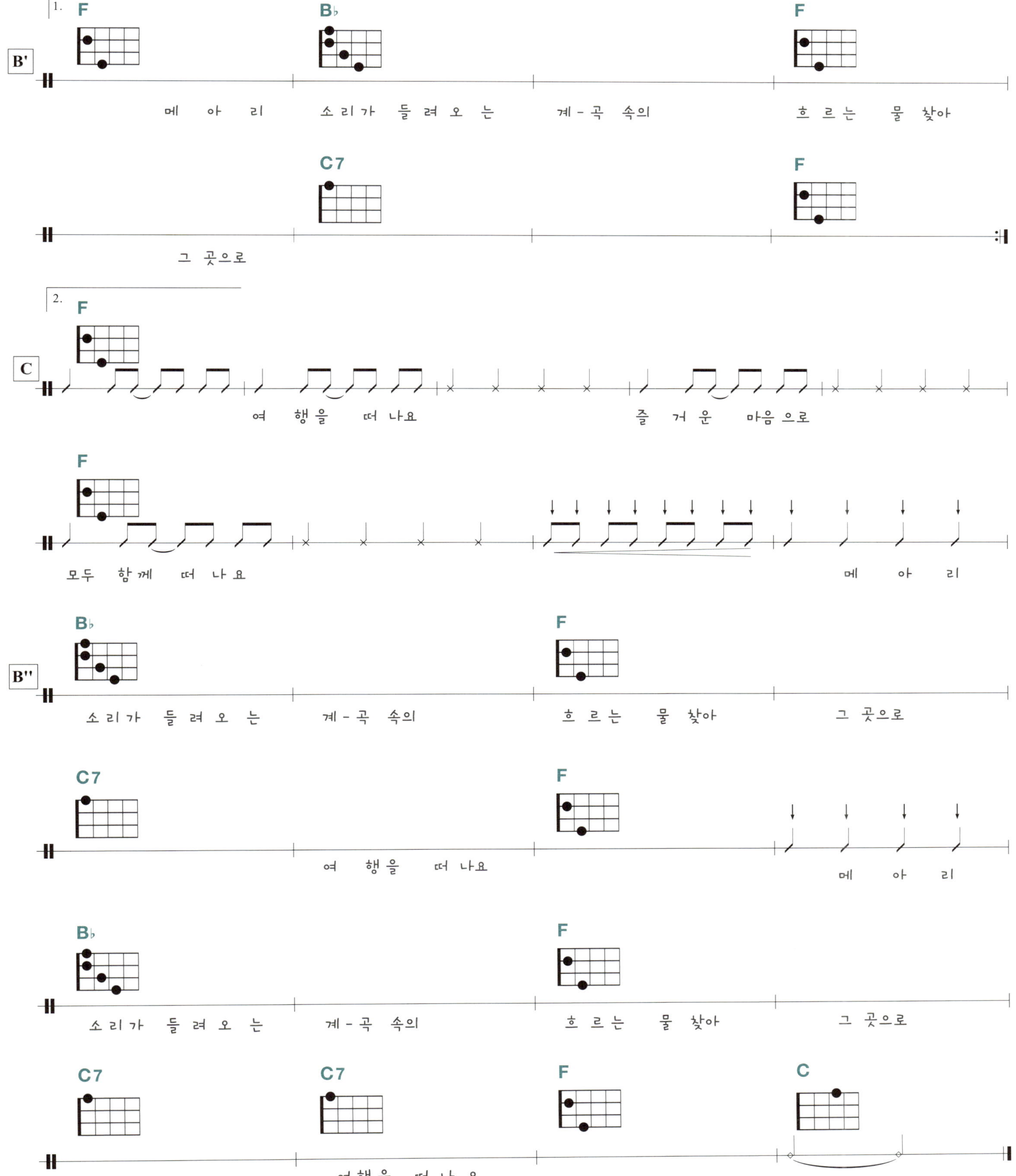

1.
B'
F
Bb
F
메 아 리   소 리 가 들 려 오 는   계 - 곡 속 의   흐 르 는 물 찾 아
C7
F
그 곳 으 로
2.
C
F
여 행 을 떠 나 요   즐 거 운 마 음 으 로
F
모 두 함 께 떠 나 요   메 아 리
B''
Bb
F
소 리 가 들 려 오 는   계 - 곡 속 의   흐 르 는 물 찾 아   그 곳 으 로
C7
F
여 행 을 떠 나 요   메 아 리
Bb
F
소 리 가 들 려 오 는   계 - 곡 속 의   흐 르 는 물 찾 아   그 곳 으 로
C7
C7
F
C
여 행 을 떠 나 요

78 매직 카펫 라이드

8비트 스트레이트
4/4

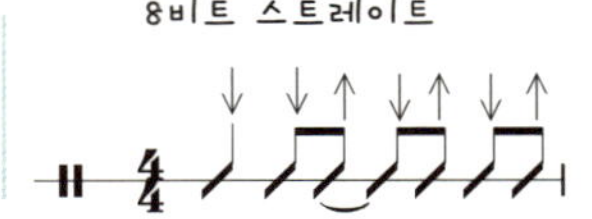

자우림

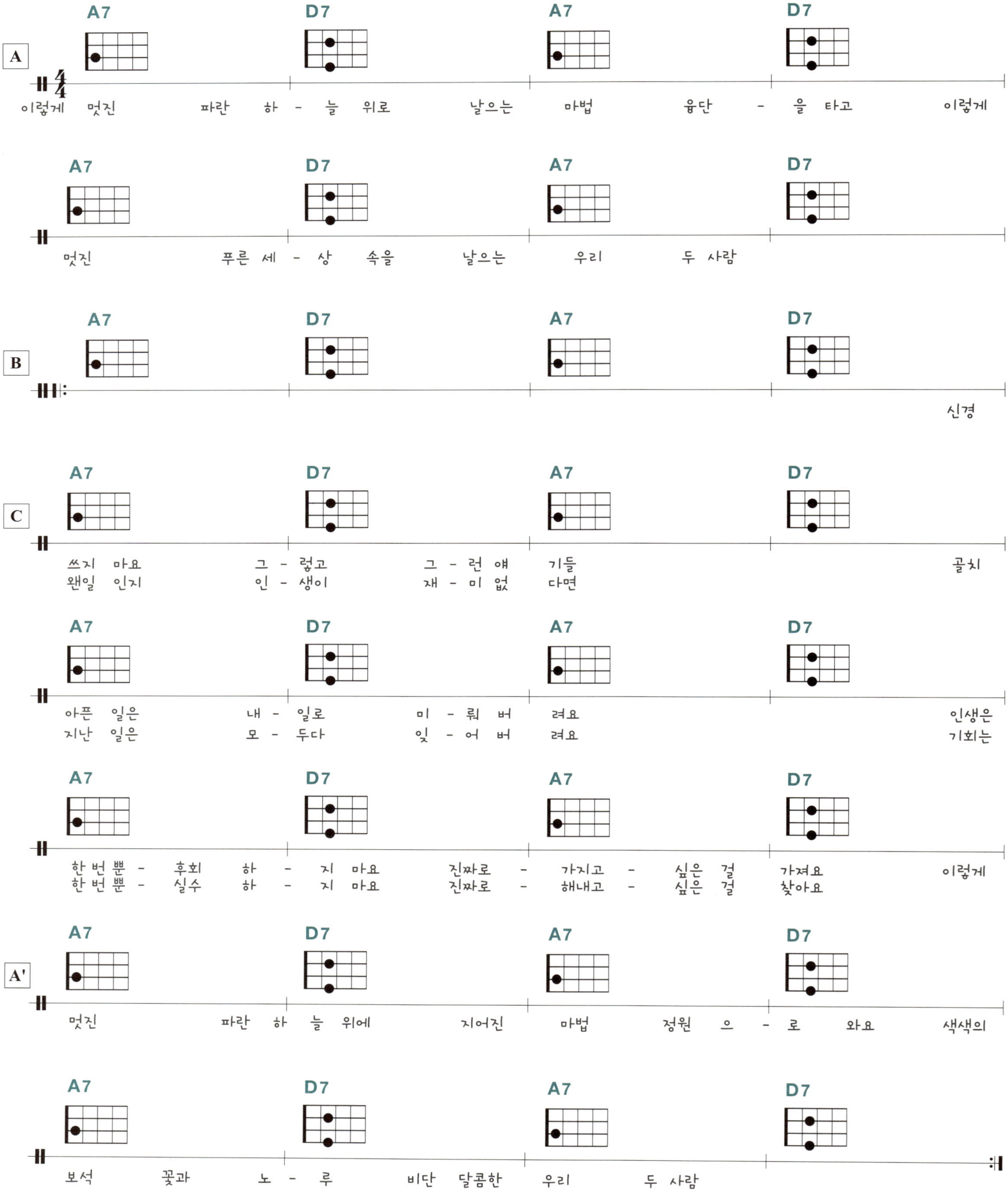

A
A7 D7 A7 D7
이렇게 멋진 파란 하 - 늘 위로 날으는 마법 융단 - 을 타고 이렇게
A7 D7 A7 D7
멋진 푸른 세 - 상 속을 날으는 우리 두 사람
B
A7 D7 A7 D7
신경
C
A7 D7 A7 D7
쓰지 마요 그 - 렇고 그 - 런 얘 기들 골치
왠일 인지 인 - 생이 재 - 미 없 다면
A7 D7 A7 D7
아픈 일은 내 - 일로 미 - 뤄 버 려요 인생은
지난 일은 모 - 두다 잊 - 어 버 려요 기회는
A7 D7 A7 D7
한 번 뿐 - 후회 하 - 지 마요 진짜로 - 가지고 - 싶은 걸 가져요 이렇게
한 번 뿐 - 실수 하 - 지 마요 진짜로 - 해내고 - 싶은 걸 찾아요
A'
A7 D7 A7 D7
멋진 파란 하 늘 위에 지어진 마법 정원 으 - 로 와요 색색의
A7 D7 A7 D7
보석 꽃과 노 - 루 비단 달콤한 우리 두 사람

79
별총총
8비트 셔플
하찌와 TJ
Intro
G   F#m   B7   Em7   A   D7
G   F#m   B7   Em7   A   D7
A
G   F#m   B7   Em7   A   D7
아직 손을 놓지 말 아 줘요 별 들 이 총총 빛 나잖아요
이제 그만 눈을 감 아 줘요 바 람 이 점점 거 세지니까
G   F#m   B7   Em7   A   D7   G
노래라도 하나 불 러 줄까요 수 만 광년 날아온 저 빛들에게
나의 꿈속 에서 꿈 을 꿔요 시 간이 되면 깨 워 줄게요
B   Em   E7   Am
홍 대 정 문 앞 에서 만 나 지 못 해 도
D7   G   F#   B   D7
은 하게 그 끝에서 우리 다 시 만나요
A'
G   F#m   B7   Em7   A   D7
아직 손을 놓지 말 아 줘 요 아 침이 밝아 오잖아요
G   F#m   B7   Em7   A   D7   G
노래라도 하나 불 러 줄까요 수 만 광년 날아갈 저 빛들에게
D.S.

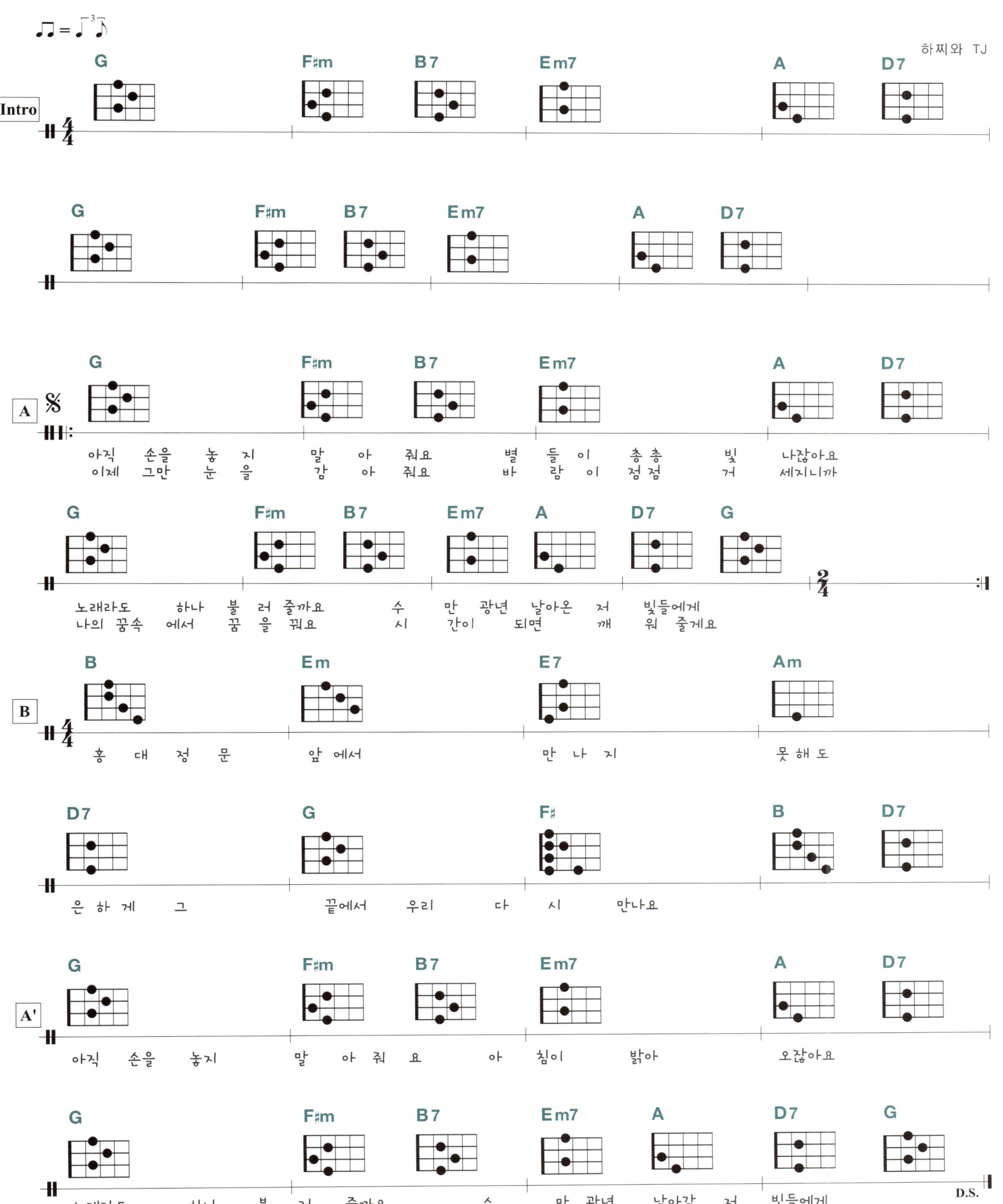

80 앵콜 요청 금지

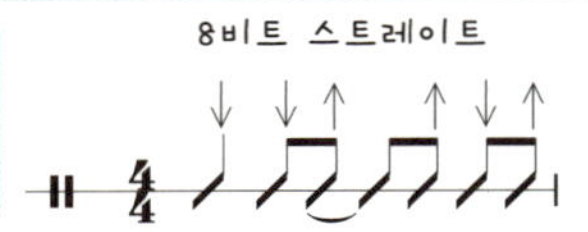

브로콜리 너마저

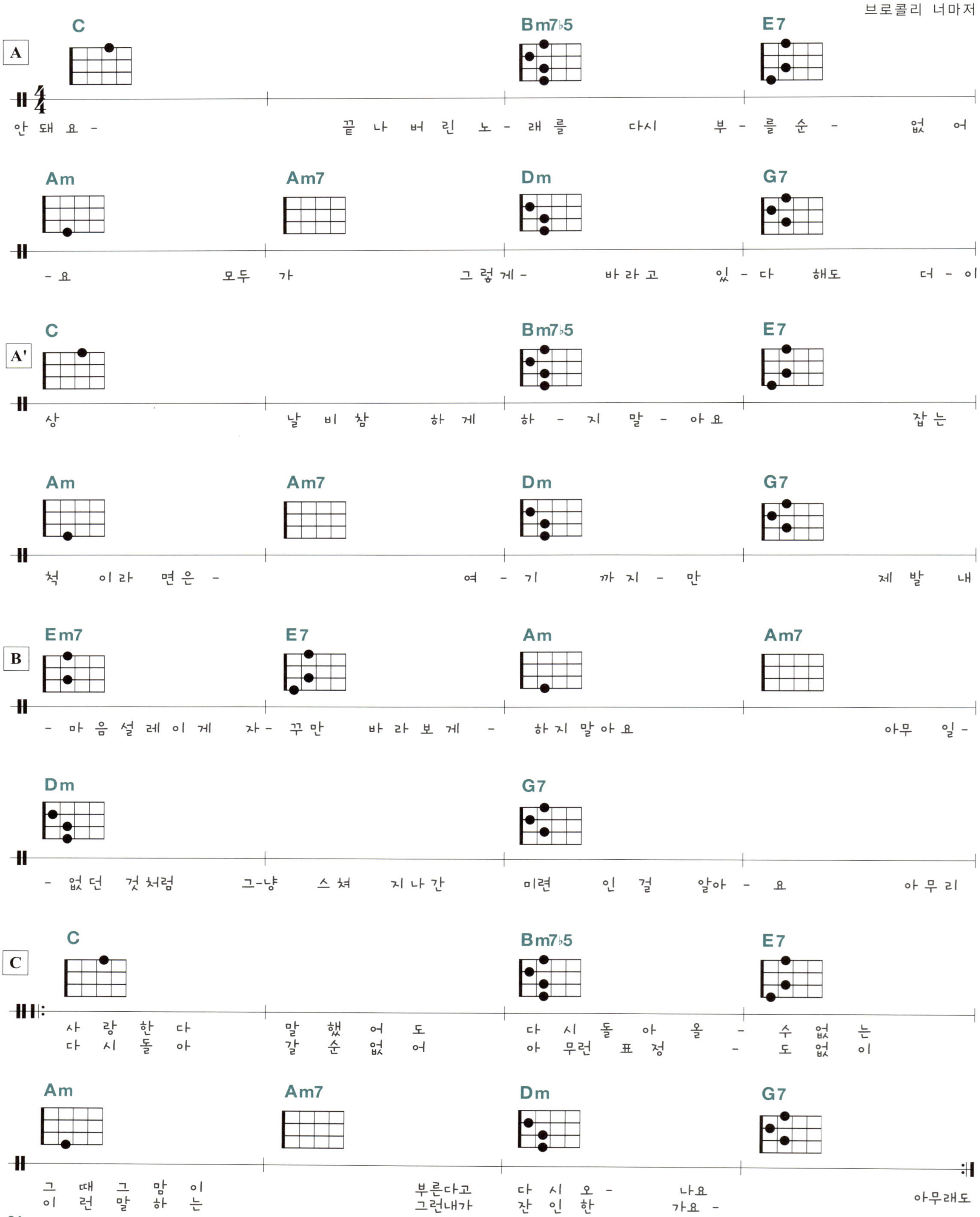

A — C / Bm7♭5 / E7

안 돼 요 - 　　끝 나 버 린 노 - 래 를　다 시　부 - 를 순 - 　없 어

Am / Am7 / Dm / G7

- 요　　모 두 가　　그 렇 게 -　바 라 고　있 - 다　해 도　더 - 이

A' — C / Bm7♭5 / E7

상　　　날 비 참 하 게　하 - 지 말 - 아 요　　　잡 는

Am / Am7 / Dm / G7

척 이 라 면 은 -　　　여 기　까 지 - 만　　　제 발 내

B — Em7 / E7 / Am / Am7

- 마 음 설 레 이 게　자 - 꾸 만　바 라 보 게 -　하 지 말 아 요　　　아 무 일 -

Dm / G7

- 없 던 것 처 럼　그 - 냥　스 쳐　지 나 간　미 련　인 걸　알 아 - 요　　　아 무 리

C — C / Bm7♭5 / E7

사 랑 한 다　말 했 어 도　다 시 돌 아 올 - 수 없 는
다 시 돌 아　갈 순 없 어　아 무 런 표 정 - 도 없 이

Am / Am7 / Dm / G7

그 때 그 맘 이　　　부 른 다 고　다 시 오 - 　나 요
이 런 말 하 는　　　그 런 내 가　잔 인 한 　가 요 -
　　　　　　　　　　　　　　　　　　　　아 무 래 도

"""

81 THE MOON SONG

Her O.S.T

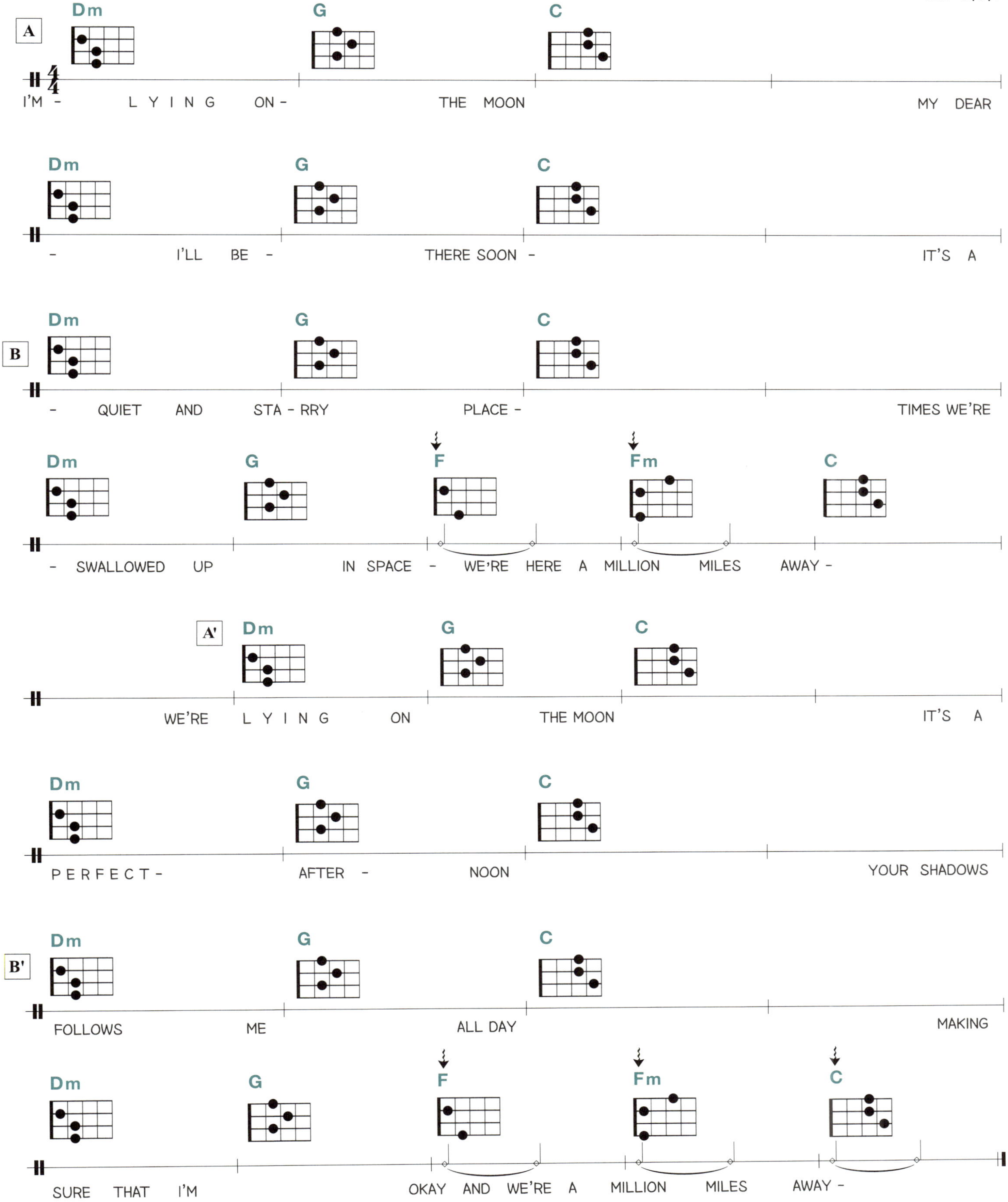

YJ의 악보없는 우쿨렐레 연주곡집

UKULELE PICNIC
우쿨렐레 피크닉

발 행 일	초 판 2014년 09월 15일
	제2쇄 2016년 07월 15일
편 저 자	YJ(정영준)
편 집	유경아
디 자 인	정민영
영 업	현석호
관 리	김정숙
발 행 인	최우진
발 행 처	(주)스코어
등 록	2012년 6월 7일 제313-2012-196호
I S B N	978-89-98522-90-2(13670)

주 소	서울시 마포구 동교로 13길 34(121-896)
전 화	02)333-3705
팩 스	02)333-3745
	www.allmu.co.kr
	www.openhousebooks.com
